청소년기의
현재와
미래

청소년시의 현재와 미래

안미옥
오연경
정인탁   기획·엮음

창비

책머리에

청소년시를 위한
협동적 창조의 자리를
마련하며

2000년대 이후 청소년문학은 동시대 문학 독자로서의 청소년을 발견하고 성장시켰다. 그러나 청소년문학이 발견한 청소년 독자는 사실 청소년소설 독자에 한정되어 있었다. 청소년소설이 출판계의 다양한 문학상 제정을 통해 작가를 발굴하고 좋은 작품을 생산하며 독자층을 넓혀 나가는 동안, 청소년시는 박성우의『난 빨강』(창비, 2010)이 보여 준 가능성에도 불구하고 제대로 된 창작 지면도 얻지 못한 채 위축되어 있었다. 청소년시가 소재주의나 계몽적 접근에서 벗어나기 어렵다는 미심쩍은 시선이 팽배한 가운데, 청소년시의 필요성에 대한 공감대가 좀처럼 형성되지 못하였던 것이다.

그러나 좋은 동시를 읽다가 중학교에 올라간 청소년이 김소월, 백석, 윤동주 등 정전 중심의 문학 교육을 거치면서 동시대의 좋은 시를 읽고 즐기는 독자로 자라나지 못한다는 문제의식은 오래된 것이었다. 동시와 한국시의 정전 사이에 다리를 놓아 줄 시, 청소년이 공감하고 즐길 수 있는 시가 필요하다는 인식이 조금씩 청소년시에 대한 관심을 불러 모으며 청소년시집 출간으로 이어졌다.『난 빨강』이후 '푸른도서관'(푸른책들) 시리즈에서 청소년소설 사이사이에 청소년시집을 간헐적으로 펴내다가 2015년 '창비청소년시선'(창비교육)의 출발과 함께 지속적으로 청소년시를 창작·향유할 수 있는 터전이 마련되었다. 이후 한티재, 휴머니스트 등의 출판사에서 간간이 청소년시집을 선보였고 2023년에는 '쉬는시간 청소년 시선'(걷는사람) 시리즈가 출범하며 청소년시의 저변이 확대되었다.

청소년시는 작품을 발표할 수 있는 지면은 물론 등단 절차나 문학상 등의 제도적 지원 없이 오직 단행본 출간에 의지하여 여기까지 왔다. 그사이 청소년시의 작가층이 두터워지고 다채로운 시 세계가 펼쳐졌으며, 그렇게 축적된 성과가 여러 방면에서 가시화되고 있다. 최근 아동청소년문학 잡지에 청소년시 창작란이나 특집 지면이 마련되기 시작한 것은 고무적인 현상이다. 또한 SNS나 블로그 등에 청소년시에 대한 독자들의 반응이 올라오기도 하고 지역 도서관이나 서점에서 청소년시 북토크가 열리기도 한다. 특히 2022 개정 교육 과정에 따른 중·고등학교 교과서에 다양한 청소년시가 수록되어 교실에서 널리 읽히게 된 것도 주목할 만하다.

     이제는 지금까지 축적된 청소년시의 성과와 한계를 바탕으로 청소년시에 대한 생산적인 비평의 장을 마련할 때가 되었다. 창비청소년시선을 기획한 아동문학평론가 고故 김이구는 오래전에 '동시단의 4무無'를 지적하며 '해묵은 동시를 던져 버리자'는 도전적인 제안을 하였다. 그리고 이 제안은 정체되어 있던 동시단을 살리는 초석이 되었다. 지금 청소년시는 던져 버려야 할 해묵은 과거가 아니라 몸을 던져 창조 중인 현재를 지나고 있다. 이 미완의 현재에 숨을 불어넣기 위해 청소년시가 어떻게 쓰이고 읽히고 있는지, 저마다 마음속에 그린 청소년시의 가능성이 어떤 모습으로 공동의 것이 되어가는 중인지, 청소년시가 우리에게 어떤 의미와 가치로 자리매김될 것인지 함께 모여 이야기하는 자리가 필요하다.

     이 책은 청소년시를 위한 바로 그 협동적 창조의 자리를 마련할 목적으로 기획되었다. 보다 다채로운 종류의 글을 모아 자유롭게 담론을 일굴 수 있도록 잡지 형식을 빌려 구성하였다. 그리고 아동청소년문학 평론가, 문학평론가, 시인, 교사, 편집자, 청소년 등 필자층을 다양하게 꾸렸다. 이들이 각자의 자리에서 고민하고 이해하고 그려 본 청소년시의 상이 모인다면 청소년시의 현재와 미래를 그려 볼 수 있을 것이라 기대하였다. 나아가 이 책을 읽게 될 독자들 역시 저마다 원하고 바라는 청소년시의 상을 보태어 이 책의 협동적 창조에 참여해 주기를 소망한다.

*

이 책의 기획 의도와 방향성을 공유하기 위해 '청소년시의 현재와 미래를 위하여'라는 주제의 특집으로 첫 장을 열었다. 문학평론가 오연경은 그간의 청소년시 담론에 대한 비판적 점검을 토대로 청소년시에 대한 새로운 정의를 제시하며 청소년시라는 '커먼즈commons'의 가능성과 가치를 짚어 본다. 시인 안미옥은 최근 출간된 청소년시집의 시들을 찬찬히 따라 읽으면서 좋은 청소년시는 좋은 질문을 가지고 있다는 사실을 확인하고 청소년시의 새로움과 가치를 조명한다. 국어 교사 정인탁은 2015, 2022 개정 교육과정에 따른 중·고등학교 교과서에 청소년시가 수록된 양상을 분석하고 청소년시와 교과서가 함께 성장할 수 있는 건설적인 방향을 제안한다. 특집의 마지막 꼭지인 국어 교사 이종은의 글은 청소년시가 문학 교실에서 청소년들과 어떻게 만나는지를 보여 주는 현장 보고라는 점에서 각별하다. 시 읽기에 대한 학생들의 편견과 의문을 각자의 끌림에 충실한 읽기로 안내하는 수업 장면을 생생하게 엿볼 수 있다.

'만남'은 매우 특별한 기획으로, 창비청소년시선을 함께 기획했던 두 분의 가상 인터뷰를 선보인다. 김이구는 아동문학계에 널리 알려진 평론가이자 창비청소년시선 기획위원으로 이전부터 청소년시의 필요성을 역설해 오다 청소년시선 시리즈의 문을 열었다. 초창기 기획위원으로 함께했던 전前 국어 교사 박종호가 조각조각의 기억과 자료를 그러모아 창비청소년시선이 세상에 나오기까지의 과정을 가상 인터뷰로 재구성하는 수고를 아끼지 않았다.

'평론'에는 세 분의 필자를 초대하였다. 아동청소년문학 평론가 강수환은 시의 오랜 역사를 짚으며 "찌꺼기로서의 언어"라는 화두를 통해 시 예술의 본질이 종이책을 통해 구현되는 경로를 아름답게 펼쳐 보인다. 아동청소년문학 평론가 김지은은 청소년시가 기후 위기 시대를 살아가는 청소년의 생태 의식을 따라가지 못하는 현상을 날카롭게 지적하며 청소년들의 "현재적 실천의 마음"을 담는 것이 중요한 과제임을 역설한다. "또 다른 청소년들"을 조명하는 김애란의 시를 분석한 문학평론가 오연경의 글은 돌봄으로 연결된 삶 속에서 자신의 위치와 역량을 찾아가는 청소년의 모습에서 우리 모두의 성장기를 읽어 낸다.

'대화'는 청소년시집을 낸 두 분의 시인 오은, 유현아를 모시고 청소년시를 쓰게 된 과정 및 청소년 독자와의 만남에 대해 들어 본다. 사회는 출판사 걷는사람의 대표이기도 한 시인 김성규가 맡아 주었다. 시인들의 청소년 시절 이야기부터 잔잔하게 시작한 대화는 청소년시를 쓰는 과정에서의 어려움과 보람에 대한 솔직하고 내밀한 고백을 거쳐 청소년 독자와 만났던 생생한 경험으로 이어진다. 청소년시를 써 본 적 없었던 시인들이 낯선 시 쓰기와 고군분투하면서 자기 자신과 다시 만나고 현재의 청소년과 새롭게 만나는 이야기를 읽는 맛이 신선할 것이다.

'에세이'에서는 청소년시 쓰는 어른의 마음과 청소년시 읽는 어른의 마음을 엿볼 수 있다. 시인 정다연의 글은 시 쓰기 교실에서 만난 지금의 아이들과 청소년시를 쓰기 위해 다시 만난 아이였던 '나'를 견주며 힘겹게 한 문장씩 나아간 쓰기를 통해 시인 자신에게 일어난 기적 같은 변화를 보여 준다. 창비청소년시선의 교정을 담당하는 편집자 박문수의 글은 '일'로서 읽기 시작했던 청소년시 덕분에 일상에서 마주치는 청소년들에게 눈길을 주게 되고 그들을 바라보는 안목이 깊어지고 넓어지게 된 변화를 고백하면서 청소년시집은 비단 아이들만 읽는 시집이 아니라는 깨달음을 나누어 준다.

'현장'에서는 각기 다른 삶의 맥락 속에서 시에 응답하는 독자들의 숨결을 느껴 볼 수 있다. 국어 교사 최지혜는 이전에 근무했던 단원고의 학생들과 시를 읽고 글을 쓰며 감정을 나누었던 경험을 담담하게 회상한다. 아이들이 남긴 글을 다시 보며 잊었던 얼굴과 함께 그들로부터 배운 것을 떠올리는 과정이 진지한 울림을 준다. 시집 서점을 운영하는 시인 유희경은 아주 드물게 만나는 청소년 독자 중 한 명인 '지환'의 이야기를 들려준다. 시가 일으킨 마법 같은 기분을 이해하기 위해 애쓰던 지환에서 어떤 비밀을 캐내려는 글의 전개가 자못 흥미롭다.

'감상'은 청소년시집을 읽은 청소년의 생생한 목소리를 들을 수 있는 귀한 자리다. 지난 가을에 열린 '창비청소년시선 독서 감상문 공모'에 전국의 청소년들이 시와 자기 삶을 연결한 감상 글을 보내 주었다. 그중 우수상으로 선정된 김채윤, 서지유, 소원, 원나영 학생의 글을 수록하였다.

『청소년시의 현재와 미래』는 청소년시를 읽고 쓰고 나누고 만든 이들이 모여 청소년시에 대해 미처 하지 못한 이야기, 새롭게 하고 싶은 이야기, 무엇이든 할 수 있는 이야기를 마음껏 풀어 놓는 자리를 마련하고자 하였다. 청소년시라는 공유지에 저마다의 다채로운 이야기가 채워질 때 우리가 함께 나눌 수 있는 미래가 풍요롭게 일구어질 것이라 믿기 때문이다. 지금 어딘가에서 시집의 한 페이지에 눈길을 둔 독자의 마음에 예기치 못한 기분이 피어나고 있을지도, 미지의 독자를 호명하는 새로운 청소년시가 막 부화 준비를 끝냈을지도, 낡은 눈으로 지나쳐 버린 청소년시를 새롭게 개화시킬 비평이 준비되고 있을지도, 어느 교실이나 도서관에서 청소년시를 낭독하는 목소리가 공명하고 있을지도 모른다. 청소년시는 우리 곁에서 꿈틀거리며 살아 움직이고 있다. 창작자, 독자, 비평가, 교육자가 서로의 반응과 감각을 나누며 만들어 가는 청소년시의 협동적 창조에 여러분도 함께하기를 바란다.

2025년 3월
안미옥, 오연경, 정인탁 씀

목차

5 청소년시를 위한 협동적 창조의 자리를 마련하며   안미옥 오연경 정인탁

특집 — 청소년시의 현재와 미래를 위하여

16 청소년시의 커먼즈와 시민들
     청소년시의 개념과 가치를 새롭게 자리매김하기   오연경

31 더 많은 질문이 되어야 할 때
     청소년시의 새로움은 어디에서 오는가   안미옥

48 국어 교실에 펼쳐진 청소년시의 가능성
     청소년시의 교과서 수록 양상과 그 의미   정인탁

64 시 읽기의 시작과 도착
     교실에서 청소년시 읽기   이종은

만남

80 청소년들의 펄떡이는 감수성에 가닿을 시를 보여 주자
     '창비청소년시선'의 시작을 돌아보며 김이구 기획위원과의 가상 인터뷰
     김이구 박종호

평론

104 시, 찌꺼기로서의 예술
     디지털 시대에 종이책으로 시를 읽는다는 것   강수환

117 생명에 대한 언어의 집을 다시 세우는 청소년시
     기후 위기 시대의 청소년과 청소년시   김지은

134 돌봄으로 연결된 삶 속에서 청소년 바라보기
     김애란의 청소년시와 또 다른 청소년   오연경

대화

152 우리가 만난 청소년시
청소년시 화자와 독자 사이에서   김성규 오은 유현아

에세이

184 꿈에서도 말하는 사람
청소년시 쓰는 어른   정다연

194 눈으로 보고 마음으로 읽는다
청소년시 읽는 어른   박문수

현장

204 시는 우리가 응답하는 방식
단원고 학생들과 함께 읽은 시   최지혜

217 지환 이야기
시집 서점에서 청소년 독자 기다리기   유희경

감상

230 담백한 시의 맛, 온전한 삶의 맛   김채윤
238 생각의 중요성   원나영
242 비밀, 널 어떻게 하지?   서지유
247 다시 일어설 수 있어   소원

254 찾아보기

청소년시의 커먼즈와 시민들 　오연경
더 많은 질문이 되어야 할 때 　안미옥
국어 교실에 펼쳐진 청소년시의 가능성 　정인탁
시 읽기의 시작과 도착 　이종은

특집

청소년시의 현재와 미래를 위하여

청소년시의 개념과
가치를 새롭게
자리매김하기

청소년시의 커먼즈와 시민들

오연경

문학평론가. 2009년 『동아일보』 신춘문예 평론 부문에 당선되며 비평 활동을 시작했다. 주요 평론으로 「전진하는 시─페미니즘 리부트 이후의 여성시」, 「자본주의 악천후와 이행의 감각」 등이 있으며, 창비청소년시선 기획위원으로 활동하고 있다. 청소년시가 청소년 안의 작은 시인을 불러낼 수 있기를 바란다.

1. 오늘의 청소년시, 어디까지 왔나

오랫동안 청소년문학은 청소년소설을 가리키는 말이었다. 사실상 청소년소설이 본격적으로 등장하면서 청소년문학이라는 말이 유통되기 시작했다고도 볼 수 있다. 1997년 박상률의 『봄바람』(사계절) 출간 이후 여러 출판사에서 청소년문학상을 제정했고 다양한 작가군이 형성되기 시작했다. 2008년 김려령의 『완득이』(창비)의 등장은 청소년 독자뿐 아니라 일반 독자들에게까지 청소년문학의 존재를 알리는 계기가 되었다. 이처럼 청소년소설의 성장이 청소년문학의 정당성을 입증하던 가운데 2010년 박성우의 『난 빨강』(창비)과 함께 청소년시가 탄생하였다. 이 시집은 단 한 권의 존재로 청소년시의 가능성을 보여 주었고 학교 현장을 중심으로 교사와 청소년 독자의 호응을 얻었다. 이후 동시 작가가 쓴 청소년시집이 드문드문 출간되다가 2015년 창비교육의 '창비청소년시선' 시리즈가 출발하면서 지속적으로 청소년시를 창작·향유할 수 있는 터전이 마련되었다.

청소년문학은 작가가 작품을 통해 탄생시키고 독자가 반응하고 출판사가 적극적으로 장려하여 개척된 장르라 할 수 있다. 물론 작가를 통해 청소년문학이 세상에 나오게 된 배경에는 청소년 문화 운동의 성과나 청소년 주체에 대한 인식의 변화, 정전 중심의 문학 교육에서 삶과 만나는 문학 교육으로의 전환 등 청소년을 위한 문학에 대한 요구가 있었다. 특히 시에 관한 한 학습자에서 독자로의 전환이 잘 이루어지지 않는 데에는 시의 장르 특성 및 시험 위주의 시 교육과 더불어 청소년이 즐기고 공감할 만한 시가 부족하다는 것이 원인으로 지적되었다. 『난 빨강』은 이러한 문제

의식에서 출발한 것으로 보인다. "그저, 신나고 재미있게 읽어 주시길." "시 앞에서 쩔쩔매던 지난날에게 한 방 먹여 주시길."[1]이라는 시인의 말에는 청소년시를 통해 청소년 독자의 시 읽기 경험이 달라지기를 바라는 마음이 담겨 있다.

흔히 청소년시의 필요성이 교육적인 목적에 있다고 생각하지만, 처음 청소년시를 써야겠다고 생각한 시인의 바람은 청소년이 시 읽기 자체를 즐길 수 있도록 하는 데에 있었다. 시 읽기의 즐거움과 보람은 굳이 청소년시가 아니어도 좋은 시를 통해 경험할 수 있는 것이지만, 좋은 동시를 읽다가 중학교에 올라간 청소년이 정지용, 백석, 윤동주 등을 거쳐 동시대의 좋은 시를 향유하는 독자로 나아가는 경로는 매우 좁다. 그렇게 된 데에는 다양한 현실적인 이유가 중첩되어 있으나, 창작자의 편에서 할 수 있는 일은 이 경로에 여러 갈래의 가지를 치고 높낮이를 다변화하여 각자의 걸음걸이에 맞는 길을 선택할 수 있게 해 주는 것이다. 『난 빨강』은 그 갈래 중 하나를 성공적으로 개척함으로써 청소년시의 존재 이유를 보여 주었다고 할 수 있다.

시와 소설, 동시와 동화, 시 교육과 소설 교육이 나란히 공존하는 현실에서 청소년소설을 환대하는 분위기와 대조적으로 청소년시에 대해서는 한동안 미심쩍은 시선이 남아 있었다. 초창기 청소년시가 소재주의나 계몽적 접근에 머물러 있었던 한계 때문이기도 하지만, 유독 청소년시에 대해 출판계의 상업 전략이나 수요 없는 공급이라는 비판이 엄격하게 가해지는 것도 사실이다. 그러나 아동문학과 마찬가지로 청소년문학 역시 부모, 교사, 출판계와 같은 매개자[2]의 역할이 인정받는 분야이며, 좋은 것을 제공하고자 하는 의도적 행위가 장려되는 분야이기도 하다. 나아가 수요

1 박성우, 『난 빨강』, 창비, 2010, 124면.

2 독일에서는 부모와 교사가 미리 텍스트를 평가·선정하여 청소년에게 제공되는 현실을 인정하여 '의도된' 아동청소년문학이라고 부른다. 이러한 매개자는 아동청소년문학의 '내재된 공동 독자'로 상정된다. 하채현, 「청소년 문학의 개념 고찰과 한국 청소년 문학의 가능성」, 『한국융합인문학』 제6권 제4호, 한국융합인문학회, 2018, 10면.

없는 공급은 시의 본질에 가까운 것이기도 하다. 시란 독자의 기존 요구를 충족시키는 장르가 아니라 낯선 언어에 감응하여 자기도 모르고 있던 내면을 발견하는 독자와 함께 생성되는 장르이기 때문이다.

창비청소년시선은 지금까지 십 년 동안 오십 권의 시집을 꾸준히 출간하며 미지의 청소년시 독자를 호명해 왔다. 누가 어디에서 어떻게 청소년시를 읽고 있는지 파악하기 위해서는 정량적 연구가 필요하겠지만, 청소년시의 작가층이 두터워지고 다채로운 시 세계가 펼쳐지면서 그간의 성과가 가시화되고 있는 것은 분명하다. 최근 들어 아동청소년문학 잡지에 청소년시 창작란이나 특집 지면이 마련되기 시작하였고 청소년시 북토크가 열리기도 한다. 또한 블로그, SNS 등을 통해 청소년시에 대한 독자들의 호응을 엿볼 수도 있다. '2022 개정 교육 과정'이 적용되는 2025년에 여러 출판사에서 개발한 중·고등학교 교과서에 다양한 청소년시가 수록되어 교실에서 널리 읽히게 된 것 역시 고무적인 현상이다. 이제는 창작자 및 독자와 함께 성장해 온 청소년시의 성과와 한계를 바탕으로 청소년시의 의미와 가치에 대해 생산적인 비평의 장을 마련할 때이다.

2. 청소년시에 대해 말해 왔던 것

청소년시는 작품을 발표할 수 있는 지면은 물론 등단 절차나 문학상 등의 제도적 지원 없이 오직 단행본 출간에 의지하여 여기까지 왔다.[3] 청소년시에 대한 비평 역시 단행본 시집에 수록된 해설 말

---

[3] 아동청소년문학 잡지의 창작란은 대개 세 부문, 동시, 동화, 청소년소설로 되어 있으며 청소년시는 별도의 구분 없이 동시란에 발표되는 경우가 많다. 새로운 작가층을 발굴하기 위해 제정된 청소년문학상도 소설에 한정되어 있다. 이는 따로 창작란을 구분할 만큼 작가층이나 독자 수요가 형성되지 않은 현실을 반영한 것일 수도 있겠으나, 청소년소설 형성기에 적극적인 문학상 제정을 통해 작가 발굴에 힘썼던 것과는 대조적이다. 이러한 열악한 환경에서 작가들의 청소년시 창작이 지속된 데에는 지역 문화 재단의 창작 지원금이나 정부의 우수 콘텐츠 지원 사업 등의 뒷받침이 있었다.

고는 거의 찾아보기 어려운 실정이다. 이 공백을 메운 것은 학술지를 통해 제출된 이론적 담론들이었다.『난 빨강』이 출간된 이후 초기에는 청소년시의 개념, 특성, 역할에 대한 일반론이 중심을 이루다가, 어느 정도 작품이 축적된 2020년 이후에는 타자성, 여성, 생태 의식 등 청소년시에 나타난 면모를 분석하는 작품론이 등장하기 시작했다. 그런데 뒤늦게 형성되기 시작한 청소년시 담론은 한편으로는 청소년소설과의 유비에 기대어, 다른 한편으로는 동시 담론의 영향 안에서 전개되어 왔다는 특징이 있다. 청소년시는 청소년소설과는 대상 독자를 공유하고 동시와는 장르 친화성이 있기에 이론적 교집합이 존재한다. 다만 두 분야에서 이루어진 생산적인 논의를 참조하되, 청소년시 그 자체의 특성을 놓치지 않도록 고유한 이론적 경로를 마련하는 일이 필요하다. 이를 위해 지금까지 청소년시에 대해 말해 왔던 것을 세 가지 논점 중심으로 검토하면서 청소년시의 개념 정립을 위한 토대를 마련하고자 한다.

(1) 청소년시, 누가 쓰는가

청소년시를 정의하기 위한 초기 논의에서 쟁점이 되었던 것은 누가 쓴 시인가의 문제였다. 청소년이 쓴 시인가, 전문 작가가 청소년을 대상으로 쓴 시인가를 두고 논쟁이 있었지만, 청소년소설에서 형성된 관례에 따라 청소년시 또한 전문 작가에 의해 창작된 것을 가리키는 개념으로 정착되었다. 그러나 청소년시의 창작 주체가 전문 작가라는 것에 대하여 '어른이 청소년을 미메시스한다.'는 문제가 제기된다. 이러한 문제 의식에는 두 가지 착오적 관념이 작동하고 있다. 하나는 청소년소설 중심으로 정의된 청소년문학 개념에 기인한 '재현'이라는 관념이고, 다른 하나는 시에 대한 유서 깊은 관념, 시는 시인과 화자의 동일시에 기반한 '고백'의 장르라는 생각이다.

 만약 청소년시의 목적이 청소년의 실제 삶을 가능한 한 있는 그대로 드러내는 것에 있다면, 전문 작가가 쓴 청소년시는 청소년 당사자의 시를 따라가기 어려울 것이다. 그러나 청소년시를 포함하여 시란 현실의 삶을 그럴듯하게 재현하는 것보다는 주어진 삶에서 가능한 시적 인식의 순간을 언어로 포착하는 것에 관심을 두는 장르이다. 청소년이 시를 통해 그러한 인식의 전환을 경험하고 미적 쾌감을 향유하도록 하는 데에 그들의 삶과의 근접성이 필요조건이 될 수는 있겠지만, 청소년의 현실을 재현하고 그들의 목소리를 대변하는 것이 청소년시의 목적은 아니다. 또한 서정시의 전통이 고백의 목소리에서 시작했다 하더라도 이후 현대시는 시인과 화자 사이의 거리를 자유롭게 변주하며 서정적 목소리의 다양성을 펼쳐 왔다. 화자의 설정은 시인의 미학적 전략에 따른 선택의 문제이며, 시적 주체의 목소리는 현실의 누군가를 모방하여 만들어지는 것이 아니라 언어 작용을 통해 텍스트 안에서 새롭게 생성되는 것이다.

 창작자와 향유자 사이의 간극은 청소년시의 태생적 한계라기보다는 작품 자체의 완성도와 관련된 문제로 볼 수 있다. 소재주의, 계몽적 주제, 단순한 재미 추구, 청소년 언어의 부자연스러운 모방, 청소년의 실제 현실과의 괴리 등은 청소년을 향한 시적 언어의 창안이 무르익지 못한 데에서 비롯된 것이다. 『난 빨강』의 돌출적 등장과 성취는 시인 개인의 창작 동기와 시적 역량에 힘입은 결과였지만, 이후 청소년시 작가층의 지속적인 성장과 작품 세계의 축적에는 상당한 시간이 필요했다. 동시단과 성인 문단에서 진입한 시인들 모두에게 청소년시는 낯선 것이었다. 아동을 향한 시선을 청소년으로 조정하는 식으로 접근한 동시인의 작품과 특정한 독자를 의식하지 않던 시 쓰기에서 청소년 독자를 염두에 두는 방향으로 몸을 바꾼 시인의 작품에는 차이가 있었지만, 한동안은 『난 빨강』이 보여준 청소년시의 방법론이 전범 역할을 하면서 유사한 스타일이 재생산된 측면이 있다.

　　모든 시에는 창작자와 향유자 사이의 간극이 존재한다. 다만 보통의 경우 특정한 독자를 염두에 두고 창작하지 않는 것과 달리, 청소년시는 처음부터 청소년 독자를 의식하고 창작한다는 데서 그 간극이 두드러지게 나타난다. 창작 과정에서 청소년 독자를 의식한다는 것이, 청소년 집단이 공감할 수 있는 소재나 장르의 문법이 따로 있어 그것을 구사한다는 의미는 아닐 것이다. 시를 읽는 즐거움과 보람은 이미 공감할 준비가 되어 있는 익숙한 것이 아니라 익숙한 것에 숨어 있는 새롭고 낯선 순간을 발견해 내는 데서 온다. 너무 당연한 말이지만, 청소년 독자에게 그러한 경험을 가능하게 해 줄 소재를 발굴하고 언어를 창안하는 것은 시인마다 개별적으로 풀어야 할 창작의 과제인 셈이다. 청소년시를 쓰는 일은 청소년을 위하거나 그들을 대변하고 싶은 어른이 하는 일이기 전에, 독자와 시로 소통하고 싶은 시인이 하는 일이다. 시인은 자신의 사상과 스타일을 청소년을 향해 펼쳐 낼 방식을 고민하게 되는데, 이때 핵심이 되는 것이 어떤 목소리로 말할 것인가의 문제다.

　　(2) 청소년시, 누가 말하는가

『난 빨강』이 최초의 청소년시로 인정될 수 있었던 데에는 청소년 화자의 설정이 주요한 역할을 했다. 박성우의 시는 청소년 화자의 생생한 목소리를 형상화함으로써 1980~90년대의 교육시나 어린 시절을 회상한 유년시와 차별화된 청소년시의 가능성을 보여 주었다. 청소년 화자는 지금-여기의 청소년 독자와 소통할 수 있는 유력한 방법론 중 하나로, 청소년 삶의 현재성을 반영하여 청소년을 주체로 주목했다는 의의를 지닌다. 그런데 청소년 화자를 당사자성의 관점에서 바라보면 창작자-화자-향유자 간의 불일치가 문제적인 것으로 인식된다. 성인 작가가 설정한 청소년 화자의 발화는 청소년의 실제 목소리와 구분될 수밖에 없다는 비판이다. 앞서 살펴보았던 창작자와 향유자 사이의 간극이 그 둘을 매개하는 텍스트 내의 미적 장치, 즉 화자의 문제로 초점화되는 것이다.

청소년시의 화자 논란은 동시 비평의 어린이 화자 논쟁과 유사한 방식으로 전개되었다. 어린이를 화자로 내세우는 장르적 관습이 동시의 발상과 표현에 왜곡을 가져온다는 비판처럼[4], 성인 작가가 청소년의 경험을 청소년 화자로 전달하려 할 때 표면적 화자와 숨은 화자 사이의 균열 속에서 작가의 계몽적 의도가 드러난다는 것이다.[5] 이러한 비판은 청소년문학을 '대변代辨의 형식'으로 바라보는 통상적 인식에서 비롯된 것이다.[6] 그러나 청소년 화자를 선택하는 것은 단지 현실의 청소년을 대신하여 그들의 생각과 감정을 전달해 주기 위한 것이 아니다. 청소년을 대변하는 목소리는 청소년시의 한 가능성일 수는 있어도 청소년시의 모든 것이라 할 수 없다. 청소년의 삶을 대변하거나 그들의 내면을 보여 주고자 하는 것이 창작 동기는 될 수 있겠지만, 그것이 시적인 언어로, 시다운 방식으로 변용되지 못한 채 대변의 형식만 취한다면 계몽주의라는 비판을 피하기 어렵다.

시의 화자는 진정성을 위한 존재론적 장치가 아니라 시적

---

[4] 이지호, 「어린이 화자 동시 비판」, 『아동청소년문학연구』 제11호, 한국아동청소년문학학회, 2012, 361면.

[5] 권유성, 「청소년시의 장르적 특성 연구-시적 화자 문제를 중심으로」, 『어문론총』 제71호, 한국문학언어학회, 2017, 167면.

[6] 한국아동청소년문학학회에 따른 청소년문학의 정의에도 '대변'이라는 단어가 포함되어 있다. 이 정의를 보면 완전히 청소년소설에 초점이 맞추어져 있어 청소년시에는 잘 들어맞지 않음을 알 수 있다. "청소년문학은 주로 청소년 인물을 내세워 다양한 청소년의 삶을 재현하여 청소년 독자에게 다가가려는 문학이다. 현대 사회 청소년들의 생활과 정서를 대변하려는 의도를 가지며 청소년소설의 경우 대체적으로 청소년 인물을 초점화하여 창작된다."

형상화를 위한 허구적 장치이다. 어떤 화자를 설정할 것인가의 문제는 장르의 관습에 따라 자동적으로 결정되지 않는다. 그것은 오직 해당 작품의 내용과 형식의 통일을 위해 그때마다 이루어지는 신중한 미학적 선택이다. 청소년이 아닌 시인이 청소년 화자를 선택하여 시를 쓰기로 했다면 이는 '청소년-되기'를 수행하는 미메시스가 아니라 '청소년을 향한 어떤 목소리-되기'를 언어화하는 창안의 과정이다. 청소년시는 무엇보다도 먼저 시가 되어야 한다. 이 말은 청소년시의 문학성이 우선되어야 한다는 뜻이라기보다는, 청소년에게 그들의 삶에서 시적인 것과 만나는 즐거움을 선사할 수 있는 언어를 고민하는 것이 중요하다는 뜻이다.

청소년 화자는 청소년시의 유일한 방법론도 아니고 청소년시를 정의하기 위한 필요충분조건도 아니다. 김이구는 동시·동요를 "'아이들을 향해 조율된 목소리'로 말해진 시와 노래"[7]로 정의하면서 그것이 동시의 독특한 미적 자질을 만들어 내는 원천이라고 보았다. 이때 '어린이 화자'는 어린이를 향해 목소리를 조율할 때 흔히 선택되는 방식으로 동시의 탄생과 함께 형성된 오랜 관습이지만, 반드시 어린이 화자여야만 하는 것은 아니며 어린이 화자가 공감을 불러일으키는 데 늘 성공하는 것도 아니라고 말한다.[8] 마찬가지로 청소년시의 장르 특성이 있다면 그것은 '청소년을 향해 조율된 목소리'로 말한다는 데에서 찾을 수 있다. 청소년 화자는 그러한 목소리를 조율할 때 가장 많이 선택되는 방식일 뿐이다.

다만 청소년을 향해 조율된 목소리가 청소년시의 어떤 독특한 미적 자질을 만들어 내는지에 대해서는 일반화하여 말하기 어렵다. 어린이를 향해 조율된 목소리라고 하면 어린이의 이해 수준, 심리적 발달 단계, 언어적 표현 수준 등을 고려한 발화 특징이

한국아동청소년문학학회, 『100개의 키워드로 읽는 한국 아동청소년문학』, 창비, 2023, 268면.

[7] 김이구, 『어린이문학을 보는 시각』, 창비, 2005, 168면.

[8] 김이구, 『해묵은 동시를 던져 버리자』, 창비, 2014, 127~128면.

나 미적 자질을 그려 볼 수 있지만, 청소년을 향해 조율된 목소리를 그런 방식으로 구체화하는 데에는 한계가 있다. 사춘기의 심리적 특징, 성장이나 진로라는 과제, '서발턴'이라는 정치사회적 지위, 당대의 청소년 문화 등을 토대로 청소년시의 미적 자질이나 장르적 특성을 일반화하려는 시도가 있지만 그다지 성공적이지는 못한 듯하다. 오세란은 청소년소설에 대해 "특정한 문학적·미학적 규범을 가진 문학 장르를 지칭한다기보다는, 독자의 연령대로 구분된 수용미학적인 면이 강하다."[9]라고 말했다. 이는 청소년시에도 해당되는 말이다. 청소년시의 '청소년'이 작품의 미학적 구성요건이라기보다 수용 주체로서의 성격을 지닌다면 이제 살펴봐야 할 것은 시의 목소리를 조율하고 협상할 대상인 수용자로서의 청소년이다.

(3) 청소년시, 누가 읽는가

흔히 청소년문학을 '청소년을 위한 문학'이라고 말할 때 그것을 어떤 의미로 해석할 것인가는 논쟁적이다. 청소년을 위한 문학을 청소년에게 도움이 되는 문학으로 해석하면 그들에게 제공할 바람직한 의미나 교육적 가치가 중시된다. 이와 달리 청소년을 위한 문학을 청소년 주체에 주목하는 문학이라고 보면 그들만의 고유한 특성과 문화를 존중하며 접근하게 된다. 이러한 접근의 차이에는 청소년을 바라보는 시각의 변화가 깔려 있다. '청소년'은 '아동'과 마찬가지로 근대 이후 발견된 집단이며, 그 개념은 사회 환경과 국가 정책에 따라 유동적으로 형성되어 왔다.[10] 2000년대 청소년문학은 교육과 계몽의 대상이었던 청소년을 당당한 자의식을 지닌 주체로 인정하게 된 청소년 담론의 변화 속에서 독자적 장르로 분

---

9 오세란, 『청소년문학의 정체성을 묻다』, 창비, 2015, 62면.

10 박경희, 「한국 청소년문학의 연구 동향과 전망 고찰」, 『어문논총』 제25호, 전남대학교 한국어문학연구소, 2014, 78면.

화한 것이다.

　그런데 이러한 탄생 배경으로 인해 청소년문학에 대한 논의는 지나치게 청소년 담론 중심으로 전개되어 왔다. 청소년문학의 개념과 범주를 청소년 자체의 특성에서 찾다 보니 아동이나 성인과 변별되는 '청소년성'에 집중하느라 문학의 본질은 외면하게 된 것이다. 이런 식의 접근은 청소년의 정서나 세계관을 특정한 종류로 한정하는 협소한 청소년관을 낳고, 이는 청소년문학의 장르 문법을 전형화하는 결과로 이어졌다. 오랜 역사를 지닌 아동문학은 협소한 어린이관에 근거한 순수성 및 교육성에 대한 요구를 깨고 그 가능성을 확장해 왔다. 청소년소설 또한 갈등의 봉합과 성장 서사라는 전형성에서 벗어나 다양한 서사를 펼쳐 보이며 폭넓은 독자층을 확보할 수 있었다. 이는 특정 시기의 집단적 특성을 탐구하는 담론에서 벗어나 작가 개인이 독자로서의 개별 어린이, 개별 청소년을 상상하고 호명하는 문학적 만남을 통해 가능해진 일이다.

　청소년시는 청소년을 일차 독자로 상정하고 창작된 시다. 특정한 독자를 의식하든 그렇지 않든 간에 시는 일상 어법과는 다른 언어의 조직을 통해 독자와의 '상호 거래transaction'[11]를 시도하는 장르이다. 청소년시는 이러한 상호 거래의 대상으로 특별히 청소년 독자를 의식한다는 점이 다를 뿐이다. 그러나 청소년 독자를 의식한다는 것이 청소년이라면 누구나 감응할 수 있는 시를 써야 한다는 뜻은 아니다. 현재의 청소년과 교감할 수 있는 시가 필요하다는 인식이 청소년 집단에 대한 눈높이 맞추기식 배려로 오인되는 경향이 있다. 생활 세계에 대한 소재적 접근이나 쉽고 친근한 표현으로 청소년의 반응을 얻어 내고자 한다면, 일정한 소재를 반복·재생산하면서 오히려 시적인 것을 왜소하게 만들 수 있다.[12] 청

11 '상호 거래(transaction)'는 텍스트와 독자가 서로 만나 교류하는 상황을 지칭하는 용어로, 루이스 엠 로젠블렛의 독자 반응 이론에서 제안된 개념이다. 로젠블렛에 따르면 독자와 텍스트의 거래는 순차적인 것이 아니며, 특정한 시간과 공간에서 진행되는 역동적인 이벤트라고 할 수 있다. 루이스 엠 로젠블렛, 『독자, 텍스트, 시』, 김혜리·엄해영 옮김, 한국문화사, 2008, 28면.

12 오연경, 「청소년의 발견과 사건으로서의 시 경험」, 김규중 외, 『새로 쓰는 현대시 교육론』, 박수연 외 엮음, 창비교육, 2015, 266~267면.

소년소설과 구별되는 청소년시의 특수성은 삶의 주인으로서의 청소년에 겹쳐 있는 '시적 언어 주체로서의 청소년 독자'를 발굴하고 호명한다는 데 있다.

김이구는 김륭 동시의 난해성 논란에 답하면서 그의 시집이 동시 읽기의 새로운 훈련을 요구하며 모든 어린이가 아닌 '동시 독자로서의 어린이'를 불러낸다고 보았다.[13] '시의 독자', '시인 아무개의 독자'가 되려면 그냥 읽기만 해서는 안 되고 시간과 노력을 기울여야 하는 것처럼 '동시를 읽는 어린이'가 '동시 독자로서의 어린이'가 되려면 마찬가지의 훈련과 노력이 필요하다는 것이다.[14] 어린이 독자라고 해서 무조건 어린이 화자와 합치된 자리에서 화자의 목소리를 그대로 수용하는 것이 아니라, 시의 장치로서의 화자를 비평적으로 의식하며 자신의 감수성과 취향에 따라 감응한다.[15] 아동청소년문학에 대해 이야기할 때 우리는 아동청소년 독자의 취향이나 읽기 방식을 쉽게 일반화하는 경향이 있으며 그들의 비평적 독서 행위를 무의식적으로 누락한다. 김이구가 '동시 독자로서의 어린이'를 밝은 눈으로 구분해 냈듯이 청소년시 담론에서도 청소년 일반이나 그들의 생애주기적 특성이 아니라 저마다의 취향과 훈련 수준을 가지고 자기 삶을 토대로 시를 해석하고 그것에 감응하는 '시 독자로서의 청소년'에 주목할 필요가 있다.

1990년대를 전후한 청소년 담론이 청소년을 동시대 삶의 주체로 발견했다면 2000년대 이후 청소년문학은 동시대의 문학 독자로서의 청소년을 발견하고 성장시켰다고 말할 수 있다. 그동안 청소년은 문학 독자의 소외 계층이었는지도 모른다. 연령대별로 조율된 문학이 있어야 문학 독자가 되는 것은 아니지만 "오랫동안 청소년에게 제공되던 '교육으로서의 문학'만 계속 강요하는

13 김이구, 앞의 책, 2014, 162면.

14 김이구, 앞의 책, 2014, 24면.

15 김이구, 앞의 책, 2014, 130면.

것은 어른 세대가 청소년에게 가하는 일종의 문화 폭력"[16]일 수 있다. 청소년을 향해 조율된 목소리로 쓰인 시는 청소년 독자와의 상호 거래를 성사시킬 가능성을 높이며, 그 거래가 지속적으로 이루어질 때 시적 언어 주체로서의 개별 청소년을 성공적으로 호명해 낼 수 있을 것이다. 시인은 모든 청소년을 염두에 두고 쓸 수도 있고 특별히 '시 독자로서의 청소년'을 의식하고 쓸 수도 있다. 그러나 어떤 독자가 상호 거래에 응할 것인지는 시를 쓸 때 누구를 떠올렸는가에 의해서가 아니라 그 시가 어떤 시가 되었느냐에 의해서 결정된다.[17] '시-독자-됨의 기쁨'[18]을 향유하는 청소년을 위해 청소년시 창작의 저변이 두터워지고 넓어져야 하는 이유가 여기에 있다.

3. 청소년시와 함께 나눌 수 있는 것

『난 빨강』이 출간된 지 십오 년이 지난 오늘에 와서야 청소년시는 하나의 현상으로 인정받는 것을 넘어 독립된 장르로서의 개념과 가치에 대해 비평적 관심을 모으고 있다. 그동안은 청소년시를 쓰는 사람도, 청소년시를 연구하는 사람도 청소년시란 무엇인가라는 질문에 '청소년'을 붙들고 고민하기에 급급했다. 이러한 청소년 담론 중심의 청소년시와 청소년시론은 미메시스나 계몽주의라는 한계와 비판 주변을 공회전해 왔다. 이 글은 청소년시에 대한 세 가지 질문을 중심으로 그동안의 논의를 비판적으로 점검하였다. 이를 바탕으로 청소년시의 개념에 대하여 다음과 같은 정의를 제안하고자 한다: 청소년시란 전문 작가가 (일차 독자로 상정된) 청

16 오세란, 앞의 책, 2015, 14면.

17 김이구, 앞의 책, 2014, 24면.

18 시집 서점 '위트 앤 시니컬(wit n cynical)'의 블로그에서 가져온 표현으로, 서점지기 유희경 시인의 말이다. "시-독자-됨의 기쁨. 숨을 마음 없이 숨어 있는 세상의 것들을 알아차릴 때의 기쁨."이라는 말은 시의 독자가 누릴 수 있는 특권을 시적으로 잘 표현해 준다.
유희경, 「11월 28일 출근인사」, 위트 앤 시니컬 네이버 블로그, 2024.

소년을 향해 조율된 목소리로 창작한 시로, 시적 언어 주체로서의 청소년 독자를 호명한다.

개별적으로 응답해 올 청소년 독자를 믿고 기다리기 위해서는 청소년시에 '시'를 채우는 노력이 필요하다. 그러한 노력은 이미 시작되었는지도 모른다. 낡은 눈으로 지나쳐 버린 기존의 청소년시를 새롭게 개화시킬 비평이 준비되고 있을지도, 미지의 독자를 호명하는 새로운 청소년시가 막 부화 준비를 끝냈을지도 모른다. 창작자와 비평가와 독자가 청소년시에 시를 채우기 위해 협력할 때 청소년시의 독자는 청소년에 한정되지 않을 것이다. 좋은 동시, 좋은 그림책, 좋은 청소년소설이 전 세대의 독자에게 널리 사랑받은 것처럼 일차 독자를 상정하는 구분법이 작품에 접근하는 독자층을 제한하는 장벽으로 작동하는 것은 아니다. 특정 독자를 상정하고 쓰인 작품이 창작의 저변을 넓히며 미적 특질을 풍부하게 축적하면, 그 질적인 내용은 그것에 감응하는 전 세대의 독자를 호명하게 될 것이다.

문학은 모두가 참여하여 함께 나눌 수 있는 공동의 활동 영역, 즉 '커먼즈commons'라고 할 수 있다.[19] 문학을 협동적 창조를 통해 생성·지속되는 커먼즈로 의미화한 리비스에 따르면 한 편의 시는 "페이지에 적힌 검은 글자들에 대한 개개인의 재창조적인re-creative 반응으로만 '거기' 있"으며, 이러한 반응들이 서로 "만날 수 있게 되는" 어떤 것이 시다.[20] 그러니까 청소년시에 시를 채우는 작업은 뛰어난 작가의 창조력만으로 이루어지는 것이 아니라 창작자, 비평가, 독자의 반응들이 서로 만나 창조와 재창조를 지속하며 생성해 내는 과정이다. 사물과 세계의 질서를 학습하고 질문하는 청소년 시기에 한 편의 시를 읽으며 말의 울림을 느끼고 세상을 이해하는 근사한 이

19 'commons'는 공유지, 공유재, 공유자원 등으로 번역될 수 있는데, 어떤 번역어도 다양한 맥락에서 적절성을 담보하기 어렵다는 최근 학계에서의 판단에 따라 널리 통용되는 '커먼즈'로 표기한다. 문학성과 커먼즈에 대한 논의 및 리비스의 커먼즈론에 대한 설명은 황정아의 글을 참조하였다. 황정아, 「문학성과 커먼즈」, 『창작과비평』 2018년 여름호, 15~30면 참조.

20 황정아, 앞의 글, 22면에서 재인용.

미지를 얻고 타자를 이전과는 다른 시선으로 보게 된다면, 이 소박한 즐거움과 보람에서 협동적 창조는 이미 시작되었다고 볼 수 있다.

　　　청소년시는 청소년을 이 세계와 자기 삶에 토대를 둔 시적 언어 주체로 호명하여 협동적 창조에 참여할 기회를 제공한다. 진정 협동적인 창조는 우리가 공유하고 있는 세계의 정체를 고민하고 대안적 가치를 탐색하는 일로 나아가게 해 준다. 시를 읽고 즐기는 일은 자율적 개인이라는 신화, 경쟁과 성공이라는 하나의 스토리로 납작해진 세상을 각자의 고유한 해석과 반응으로 부풀려 다채롭게 재창조하는 일과 다르지 않기 때문이다. 시민詩民과 시민市民의 거리가 멀지 않은 이유도 여기에 있다. 청소년이 향유하게 될 '시-독자-됨의 기쁨'은 '시'라는 다른 질서와 다른 논리로 사물의 이면을 탐구하고 세계의 또 다른 가능성을 발견하게 하며, 다 같이 협력하여 새로운 가치를 창조하는 대화의 공유지로 안내할 것이다. 이것이 우리가 함께 나눌 수 있는 것, 청소년시라는 커먼즈이다.

청소년시의 새로움은 어디에서 오는가

특집

더 많은 질문이 되어야 할 때

안미옥

시인. 2012년 『동아일보』 신춘문예 시 부문에 당선되며 작품 활동을 시작했다. 시집 『온』, 『힌트 없음』, 『저는 많이 보고 있어요』, 산문집 『조금 더 사랑하는 쪽으로』 등을 펴냈다. 창비청소년시선 기획위원으로 활동하고 있다. 가 본 적 없는 곳을 함께 꿈꾸며 가 보는 시를 생각하며 읽고 쓴다.

만나고 싶은 청소년시

청소년시를 이야기하게 될 때면 "청소년시가 뭐야?"라는 물음을 듣곤 한다. 청소년시가 따로 존재해야 하는 이유에 대한 질문도 자주 듣는다. 청소년시를 생소해하는 사람이 여전히 많다는 생각이 들면서도 청소년시를 궁금해하는 마음이 느껴질 때 안심이 되기도 한다. 그 마음이 청소년을 궁금해하는 마음으로 연결되기도 하고, 새로운 청소년시를 꿈꾸게 만들기도 하기 때문이다. 청소년시를 쓰고 있는 시인들과 이야기를 나눌 때면 청소년시를 어떻게 써야 할지 모르겠다는 말을 자주 듣는다. 청소년 독자를 염두에 두고 쓴 시라는 것을 알고 있다고 해도 무엇을 시적 대상으로 삼아야 하는지, 어떤 목소리로 써야 하는지 고민이 되는 지점이 많고 무엇보다 지금의 청소년에 대해 잘 모른다는 생각에서 어려움을 겪게 되는 면이 있는 것이다. 자신의 청소년기와 지금의 청소년 사이의 시간 간격을 생각하면 조심스러워지기도 하고 혹여나 계몽적이거나 교훈적인 태도 또는 위계적인 시선을 시에 담게 될지도 모른다는 염려도 있다. 어떤 말을 시로 써야 할지 막막하여 어렵다는 이야기를 하기도 한다. 청소년시를 읽고 쓰는 입장에서 그 물음과 어려움에 동의하는 면이 많다. 그리고 청소년시를 쓰는 사람의 고민과 읽는 사람의 고민이 같이 작동되다 보니, 청소년시는 어떤 태도로 써야 하는지, 청소년과 성인 작가는 어떤 방식으로 연결될 수 있는지, 청소년시가 필요한 이유는 무엇인지 더 고민하게 되었다. 이런 고민은 나아가 다음의 질문으로 이어졌다. 내게 새로움으로 다가온 청소년시는 무엇인가. 앞으로 어떤 청소년시를 만나고 싶은가.

특집

*

청소년이 읽어도 좋은 시들은 이미 세상에 많다. 그런데 특별히 청소년을 위해 쓴 시가 있다면? 청소년 입장에선 시에 조금 더 쉽게 접근할 수 있는 통로가 생긴다. 마치 크거나 작은 옷에 몸을 끼워 맞춰 입기보다는 자기 몸에 맞고 어울리는 옷을 입었을 때 더 자유롭게 움직일 수 있는 것처럼, 청소년시는 청소년과 가까운 언어로 일상과 내면을 다양한 방향으로 감각하고, 시를 보다 자유롭게 향유하는 것을 가능하게 한다. 이때 이 옷은 똑같은 모양이나 색을 가진, 정형화된 것은 아니다. 몸에 맞는 옷이라고 해도 어떤 옷은 한 번도 입어 본 적 없는 스타일일 수 있고, 계절에 따라 옷이 다르게 느껴지듯 읽을 때마다 새롭게 다가올 수도 있다. 가장 마음에 드는 옷을 골라 입을 수도 있고, 처음 보는 종류의 옷을 입어 보는 것을 시도해 볼 수도 있다. 청소년시는 청소년이 '시'라는 다양한 옷을 골라 입어 보며 자신이 원하는 삶이 무엇인지 탐색하고, 옷을 바꿔 입을 때 달라지는 자신을 자유롭게 발견하고, 제각각의 서로 다른 옷을 입고 있는 사람들과 만나는 즐거움을 느낄 수 있게 한다. 시가 그렇듯, 청소년시는 독자가 자유롭게 즐길 수 있는 언어를 만나 자신의 삶에서 새로움을 찾게 하는 것이기 때문이다. 그것이 유희의 방식이든, 위로의 방식이든, 미학적인 방식이든 자신의 내면에 닿는 시를 읽기 전과 후는 분명 달라지는 점이 있다.

그동안 꾸준히 창작되어 온 청소년시는 '청소년'을 호명하거나 조명하며, 시를 경험할 수 있는 "청소년의 자리"[1]를 마련하였고, 청소년이 "그들 자신의 목소리를 낼 수 있게"[2]하였으며, 청소년이 주체적인 존재임을 보여 주었다는 점에서 그 의의와 새로움

1 오연경, 「청소년의 발견과 사건으로서의 시 경험」, 김규중 외, 『새로 쓰는 현대시 교육론』, 박수연 외 엮음, 창비교육, 2015, 257~276면 참조.

2 이성수, 「청소년시의 새로움과 가능성」, 『우리말교육현장연구 제11집 2호』, 우리말교육현장학회, 2017, 258면.

이 거론되어 왔다. 더 나아가 다양한 청소년의 현실을 보여 주는 시들이 등장하여 가려졌던 청소년의 삶을 마주하게 함으로써 '청소년'을 고정된 관념으로 바라보는 시선에 대해 의문을 던질 수 있는 시간을 마련하기도 했다. 소재적으로 청소년의 삶을 다루거나 청소년을 대상화하는 것은 지양해야겠으나, 조명되지 않았던 청소년의 삶을 시로 다루고 시적인 감각으로 전하려 하고 있다는 점에서 중요한 역할을 한다고 볼 수 있다.

    이제는 좋은 청소년시를 더 많이 만날 수 있는 방식에 대해 이야기해 보면 좋겠다. 이미 익숙한 방식이 아니라 청소년을 새롭게 만날 수 있는 작품들이 많이 창작되어 읽히고 있다. 청소년시를 읽다 보면 청소년시의 새로움은 단순히 낯선 소재나 정황에서 오지 않고, 청소년시와 청소년을 대하는 태도에서 비롯된다는 점이 더욱 중요하게 다가온다. 새로움을 지닌 좋은 청소년시는 어떤 모습일까. 늘 궁금했던 그 청소년시의 모습을 지닌 시들을 함께 읽어 보고자 한다.

새로운 온도의 목소리

권창섭의 청소년시집 『우리 그런 말 안 써요』(창비교육, 2024)가 지닌 새로움은 화자가 지닌 목소리의 온도에 있다. 뜨겁지도 차갑지도 않은데 그렇다고 미지근하지도 않다. 무심한 듯 보이지만 자신의 현실과 내면, 주변 사람을 선명하게 바라보며 자신만의 온도를 지닌다. 그래서인지 권창섭의 청소년시에는 청소년이란 이럴 것이라고 하는 관념적 태도가 없다. 시적인 지점으로 포착한 정황이나 감정을 시인이 제 마음대로 구부리지 않는다. 대신 청소년의 생활을 투명하게 담고 있어 오히려 청소년의 삶과 목소리가 입체적으로 다가온다. 이는 예술 고등학교 학생들과 함께 생활하며 가까이서 청소년의 삶을 실감해 온 시간이 있기 때문이기도 하겠지만, 위계 없는 시선으로 청소년의 말을 듣고 바라보는 시인의 태도 때문일 것이다.

> 어쩔티비 저쩔티비 안물티비 안궁티비 쿠쿠루삥뽕
> 저런 말을 쓴다고요?
> 누가요?
> 저희가요? 죄송한데
>
> 우리
> 그런 말 안 써요
>
> 우리가 쓰는 말도 어쩌면
> 당신들이 쓰는 말과 같아서
>
> 우리가 쓴다고 하는 말들은
> 우리가 안 쓰는 말들
>
> 당신들에게 낯선 말들이
> 우리에게도 낯선 말들, 하지만
>
> 덕분에 새로운 말을 배웠습니다

어쩔티비 저쩔티비 우짤래미 저짤래미 지금화났쥬 개킹받쥬

우리가 쓰는 말이라고 해 주시니
앞으로 잘 쓰겠습니다
이제부터라도 열심히 사용하겠습니다
현재에 머무르지 않고 더욱더 갈고닦겠습니다
후대에 잘 전승하겠습니다

어긔야 어강됴리 아으 다롱디리처럼
얄리얄리 얄랑셩 얄라리 얄라처럼

— 권창섭, 「우리 그런 말 안 써요」[3] 부분

「우리 그런 말 안 써요」는 '청소년'에게 덧씌워진 편견의 일부분을 드러내며 시작된다. "요즘 청소년은 이런 말을 쓴대."라며 청소년의 일상을 구분 짓고 나누어 생각하는 시선이 익숙한 때에 '모든' 청소년이 그런 것은 아니라는, 어쩌면 너무도 당연한 구체성을 보여준다. 이때 주목할 것은 시가 담고 있는 화자의 감정이 우리의 관념 속 청소년에서 익숙하게 떠올릴 만한 '반항'이나 '저항'이 아니라, '의아함'이라는 점이다. 이 '의아함'이 포착하고 그려 내는 것은 뜨겁거나 차가운 방식의 이분법적 온도가 아니라, 목소리의 무수한 스펙트럼 가운데 한 예시를 보여 준다. 또한 시적 화자는 일방적인 방식으로 대화를 멈추지 않고 자기 생각을 있는 그대로 전하는데, 여기서 청소년은 자기 생각을 가감 없이 말할 수 있으며 열린 태도를 가지고 있는 주체적인 존재라는 사실을 다시금 보여

[3] 권창섭, 『우리 그런 말 안 써요』, 창비교육, 2024, 47~48면.

준다. 이 시는 말하는 방식에 있어서 심각함과 억지스러운 명랑 없이도 유쾌함을 지닌다는 점, 언어 자체의 말맛을 느끼게 해 준다는 점에서 시 읽는 즐거움을 알아채게 해 준다. 권창섭은 애써 청소년을 특별한 존재로 보려고 하지 않는다. 자신의 시선을 청소년에 맞추어 인위적으로 낮춘다는 의식도 없다. 그렇기에 그의 시에서는 오히려 청소년의 목소리가 특별하게 들리고, 새로운 청소년의 면모가 보인다.

주된 화자로 등장하는 '시를 쓰는 청소년'의 목소리는 단지 시를 쓰는 행위로만 읽히지 않는다. 좋은 메타시가 시 쓰는 이야기로만 읽히지 않고 삶의 이야기로 확장되어 읽히는 것처럼, 『우리 그런 말 안 써요』에 등장하는 시 쓰기에 관한 시들은 삶의 범위로 넓혀 읽을 수 있는 깊이를 지니고 있다. "더 좋은 시로 만들려는 마음이/더 좋은 날로 만들려는 마음과/닿게 하기/더욱더 닿게 하기"[4]라는 구절처럼 시를 쓰는 태도는 삶을 살아가는 태도로 자연스레 연결된다. 시와 삶이 맞물리며 나아갈 때 자신만의 문장을 써 나갈 수 있는 것이니까. 권창섭이 청소년시를 쓰는 태도 역시 이와 유사할 것이다. 더 좋은 시를 만들려는 마음, 청소년과 다른 무엇도 아닌 시로 닿아 보려는 마음이 맞물려 지금의 목소리를 만들어 낸 것이다. 또한 어떤 확정이나 확신 없이 "시는 계속 '시'라는 경계를 넘기 위해 꿈틀거리고 있"[5]음을 시로 증명하며 청소년 독자와 만나고자 한다.

[4] 권창섭, 「퇴고 연습」, 앞의 책, 2024, 55면.

[5] 권창섭, 「꿈틀!」, 앞의 책, 2024, 87면.

내면을 들여다보는 힘

정다연의 청소년시집 『햇볕에 말리면 가벼워진다』(창비교육, 2024)는 청소년기의 내면 이야기를 주요하게 담고 있다. 그중 '불안'을 지니고 살아가는 화자의 삶을 다채로운 시적 언어로 다루었다. 청소년의 불안을 다룬 시들은 지금껏 많았으나, 정다연의 시가 새롭게 느껴지는 면은 역시나 말하는 방식과 화자의 태도에 있다.

    기척도 없이 불안이 다가올 때

    길을 지나다 우연히 아기 고양이와 만난 거라고 생각하면 마음이 편안해져

    달래 주려고 했던 건데 매섭게 발톱으로 할퀴어도 깨진 빗금처럼 상처가 나도

    다가오는 손길이 많이 무서웠구나 너도 내가 처음이지? 가까이는 말고 이렇게 같이 있자 한 걸음 물러서 있게 돼

    점점 멀어지는 뒷모습을 보면 안녕을 빌어 주게 돼

    (중략)

    멀미처럼 불안이 밀려와 이마를 꾹 누를 때

서랍에 넣어 둔 부드러운 스웨터를 떠올리면 조금은 견딜 만해져

― 정다연, 「친애하는 나의 불안」[6] 부분

「친애하는 나의 불안」은 청소년의 일상에서 불안을 느낄 만한 장면을 소재로만 사용하지 않는다. 불안한 심정을 소리쳐 외치거나 불안함 그 자체를 묘사하는 대신, 청소년이 불안을 어떻게 스스로 다루어 나가는지를 말한다. 쉽게 불안을 외면하거나 없으면 좋을 감정으로 여길 수 있으나, 정다연 시의 화자는 내면에 분명히 존재하는 불안을 인정하고 견딜 수 있을 만한 구체적인 사물로 대체하여 스스로 불안을 다루어 견뎌 내는 태도를 보인다. 자기 내면의 목소리에 귀 기울이는 화자는 『햇볕에 말리면 가벼워진다』에 수록된 다른 시에서도 자주 등장한다. "말수가 적지만/이야기를 할 줄 아는 사람"[7]의 목소리로 아픔이나 슬픔을 호소하지 않고, 다만 독자가 그 감정을 함께 겪게 한다. 이는 시인의 목소리가 주장하는 목소리가 아니라 장면을 보여 주는 목소리이기 때문에 가능하다.

더불어 화자의 내면이나 시의 정황에 적합하게 묘사하는 힘은 정다연의 청소년시가 새롭게 여겨지는 중요한 지점이다. "세상에서 가장 두려운 건/그 미운 사람의 얼굴 끝에/내 얼굴이 떠오르는 것/끔찍하게 구분되지 않는 것//나를 믿는 것/내가 나를 깨뜨리지 않고 지키는 것/담장의 부서진 벽돌처럼//사는 것"[8]이라는 문장을 읽게 될 때, 그저 담장의 부서진 벽돌처럼 살지도 모른다는 두려움에 대해 억지로 이해하려 하지 않아도, 독자는 언어의 곁에 자기 삶을 나란히 두며 읽게 된다. 청소년의 감정을 흉내 내는 목소리가 아니라 체화하여 자신의 삶과 만난 지점을 보여 주기 때문

[6] 정다연, 『햇볕에 말리면 가벼워진다』, 창비교육, 2024, 74~75면.

[7] 정다연, 「말하는 사람」, 앞의 책, 2024, 84면.

[8] 정다연, 「세상에서 가장 어렵고 두려운 것들」, 앞의 책, 44~45면.

이다. 이것이 시인이 함부로 위로하거나 공감하려고 하지 않음에도 독자가 그의 청소년시에서 위로와 공감을 얻게 되는 이유다. 그리고 위로와 공감은 거기에 머물지 않고 자기 내면을 들여다보는 힘을 만들어 준다. 불안이라는 감정이 무엇인지, 자신의 불안은 어떤 모습인지, 어떻게 다루며 살 수 있을지 질문하게 한다. '부서진 벽돌'과 '사는 것'을 나란히 두어 감각하게 한다. 좋은 시가 가진 힘이다.

  임수현의 청소년시집 『악몽을 수집하는 아이』(창비교육, 2022)에서도 청소년의 불안한 내면이 주요하게 다루어진다. 임수현의 청소년시는 청소년의 두려움과 불안, 예민한 감각을 악몽으로 말하고 있다는 점에서 새롭게 여겨진다. 꿈은 현실의 연장선이지만 한계를 두지 않는 현실이므로 내면을 표현하는 데 있어서 훨씬 자유롭다. 청소년이 처한 "불편한 사회 구조"[9]로 인한 불안과 두려움을 악몽으로 표현하여 다채로운 상상을 가능하게 한다. 악몽으로 구체화하는 내면은 독자로 하여금 자신의 악몽을 되짚어 보게 하고, 질문하게 한다. 자신의 두려움과 불안을 어떤 이미지로 표현할 수 있을지 상상하게 한다.

  할머니가 그러시는데
  이불 밖으로 발이 나가면
  귀신이 발목을 잡아끌고 간다는 거야

  그때부터 옆으로 누워 무릎을 끌어안고 자
  이불에 돌돌 말린 내 모습
  애벌레 같아

[9] 김지은, 「해설—악몽과 동행하는 서정적인 궤도」, 임수현, 『악몽을 수집하는 아이』, 창비교육, 2022, 115면.

(중략)

민지야 그거 아니?
자는 모습을 보면 그 사람을 알 수 있대
넌 어떤 자세로 자?
손깍지 끼고 기도하는 자세?
아님 통나무 자세? 그것도 아님 자유 낙하 자세?
발목 조심하고
잘 자!

— 임수현, 「귀신은 발목을 가져다 뭘 할까」[10] 부분

「귀신은 발목을 가져다 뭘 할까」는 존재성이 흔들리는 지점을 귀신이 발목을 가져갈지도 모른다는 불안으로 그려 낸다. 임수현의 시 속 화자는 귀신, 유령, 요정과 같이 눈에 보이지 않는 존재를 무서워하지만 동시에 이들에 대한 호기심도 가지고 있다. 이들은 무섭기만 한 단일한 존재로 그려지지 않는다. 화자는 이 존재들을 통로 삼아 평소 인지하지 못했던 내면 깊숙한 감정을 본다. 그리고 이런 감정이 '나'만 가지고 있는 것이 아니라, '너'에게도 있다는 것을 안다. 똑같지는 않더라도 비슷하게 공유되는 상황과 감정을 '너'는 "어떤 자세"로 품고 있는지 이해하고자 한다. 임수현은 「시인의 말」을 통해 악몽을 꾼 날 일기에 적으면 새로운 이야기가 시작되는 느낌이 들었다고 한다.[11] 혼자만의 감정이 아니라, 함께 나누는 감정을 '시'를 통해 무수한 이야기로 나누고자 하는 시인의

10 임수현, 앞의 책, 2022, 40~41면.

11 임수현, 앞의 책, 2022, 124면.

태도가 청소년시를 구체적인 방식으로 한결 더 새롭게 만든다.

이상하고 낯설게 만나기

살면서 한 번도 생각해 본 적 없는 질문을 만났을 때 어떤 감정이 생겨날까? 낯설고 어색해서 어리둥절할 수도 있고, 마치 태어나 처음 눈을 뜬 새처럼 온 세상이 신기하면서 무서울 수도 있다. 시를 읽을 때 혹은 시적인 순간을 만나게 될 때, 시에 담긴 좋은 질문은 다양하고 낯선 감정을 느끼는 경험을 하게 한다. 알다시피 좋은 질문은 단답형의 대답이나 성과 위주의 결과를 찾는 것이 아니라, 더 많은 감정과 사유를 만들며 질문하게 한다. 그렇다면 질문하는 태도로 쓴 청소년시는 청소년에게 어떤 질문을 떠올리게 할까? 또 새로운 질문을 품는 것이 어떻게 시의 향유로 연결될까?

      내가 만난 선생님들은 모두 이렇게 물어봤다
      넌 꿈이 뭐니
      넌 뭐가 되고 싶어
      지금까지 사는 동안 귀가 멍하도록 들어 온 질문
      초등학교 땐 아이돌 스타가 되고 싶었지
      중학교 땐 돈 잘 버는 스타 강사가 되고 싶었지

      고등학교 올라와서야 알았어
      난 아무것도 될 수가 없어
      그러기엔 나는 선생님에게 보이지 않는 투명 학생

그러기엔 엄마의 한숨 소리가 눈치 보이고
그러기엔 나를 바라보는 아빠의 포기가 눈치 보이고
난 꿈이 없어
뭐가 되고 싶지도 않아, 되고 싶지도 않았어

담임이 휴직해서 기간제 선생님이 담임을 맡았어
늘 그랬듯이 난 담임에게 관심이 없었는데
넌 어떻게 살고 싶어
넌 꿈이 뭐냐가 아니라 어떻게 살고 싶냐고 물어봤어

뭐지? 뭐지? 뭐지? 이상한 이 기분
분홍 마차가 들어오는 기분이랄까
난 생각이라는 걸 하기 시작했어

— 유현아, 「첫 만남 – 이상한 나의 선생님 1」[12] 전문

유현아의 「첫 만남 – 이상한 나의 선생님 1」에서 화자는 이제껏 "넌 꿈이 뭐냐"라는 평가와 단정이 내포된 질문 앞에만 놓여 있었다. 미래의 시간을 확정해야 한다는 부담과 하고 싶은 것을 떠올려도 이룰 수 없을 것 같은 현실의 여건들이 떠올라 꿈을 갖는 일이 죄책감이 들게 하는 상황 속에 있었다. 그런 화자가 처음으로 미래의 어떤 형태로서의 '나'가 아니라, 지금 '나'로서의 삶을 들여다보고 대면해 볼 수 있는 질문을 만나게 된다. 어쩌면 한 번도 생각해 보지 못했던 질문이자 삶의 방향이다. 현실을 생각하느라 꿈꿔 본 적 없는 질문일 수도 있다. 어떤 훌륭한 존재나 가족 또는 사회에 필

[12] 유현아, 『주눅이 사라지는 방법』, 창비교육, 2020, 74~75면.

요한 존재가 되고 싶냐는 질문이 아니라 어떤 태도로 살고 싶은지를 묻는 질문 앞에서 화자는 낯선 기분을 느낀다. 당연하게 받아들이는 것이 아니라, 이게 대체 무슨 말인지 몰라 되묻게 되는 "이상한 기분"에 휩싸인다. 그리고 화자는 그 질문이 열쇠가 되어 그동안 외면해 왔던 자기 삶에 대해 "생각"해 보게 된다. "생각"해 본다는 것은 여러 방향으로 질문을 던져 본다는 것이다. 이는 이미 견고하게 확정되어 있다고 여겼던 삶에 균열을 내는 시작점이 된다. 시의 제목인 "첫 만남"은 시의 정황 안에서 기간제 선생님과의 첫 만남을 이야기하는 것이기도 하지만, 화자가 청소년으로서 자신의 삶을 대면하게 된 질문과의 첫 만남이기도 하다. 이 질문이 화자에게 낯설게 다가오는 이유는 무엇일까. 고정되었고 닫혀 있다고 생각한 현실을 비틀어 자기 삶을 새롭게 바라볼 수 있게 하는 감각이기 때문 아닐까. 또 이게 전부라고 생각했던 삶에 다른 방향도 열려 있다는 것을 경험하게 하기 때문 아닐까.

    좋은 질문은 새로움을 동반하기 때문에 앞선 시의 화자처럼 "이상한 기분" 혹은 낯설고 불편한 기분을 느끼게 한다. 그러나 이 이상한 기분은 부정적인 기분은 아닐 것이다. 답을 찾거나 배움을 주기 위한 질문이 아니라, 한 존재로서 오롯이 느낄 수 있는 다양한 감정과 생각, 감각을 향유할 수 있게 하는 질문이기 때문이다. 청소년기는 자신과 현실, 세계와 타인에 대해 무수한 질문을 던지며 자신과 삶의 새로운 면모를 발견하고 정의해 나가는 시기다. 치열하게 고민하고, 경험을 쌓고, 자기만의 길을 만들어 가는 시기다. 청소년시가 청소년에게 그들 곁에 있는 감각을 가진 언어로 다가가 삶에 대한 새로운 질문을 실감할 수 있게 한다면, 청소년의 삶과 만난 시는 그 자체로 새로운 삶의 시간을 만들어 낸다.

삶과 맞물리는 질문으로 나아가기

청소년시의 새로운 면모를 보여 주는 시를 읽어 보면 공통점을 발견하게 된다. 좋은 시는 좋은 질문이 된다는 사실이다. 시가 질문이 되어야 한다는 말은 사실 새로운 발견이 아니다. 좋은 시는 좋은 질문을 떠올리게 하고, 좋은 질문이 좋은 시로 나아가게 하는 것은 자연스러운 일이기 때문이다. 질문하는 태도로 쓴 시는 상투적일 수 없다. 질문은 자신이 알고 있는 세상이 전부가 아니라는 것을 끊임없이 확인하고 궤도를 벗어나게 하고, 대상과 투명하게 만나 새로운 태도를 발견하게 한다. 정현종 시인은 질문한다는 것에 대해 "모르는 자리로 돌아가는 것"이라고 말했다. 그것은 이미 알고 있는 세계 속에서 자신이 믿고 있는 것을 전부라고 생각하는 것이 아니라, "'처음'의 시간 속에 있는 것이고, '끝없는 시작' 속에 있는 것"이다. 더불어 "시적 질문은 생각과 느낌의 싹이 트는 순간으로 타성/ 관습/ 획징 속에 굳어 있던 사물이 다시 모태의 운동을 시작하는 시간"이라고 정의한다.[13]

시와 마찬가지로 청소년시는 시인이 '청소년'과 '시' 앞에서 "모르는 자리"로 돌아가 시적 질문을 던지게 될 때, 새로운 풍경을 만나고 펼쳐질 수 있게 된다. 청소년시는 이미 알고 있다고 여기거나 경험했던 '청소년'이 아니라, 지금-여기 생생하게 존재하는 청소년에게 질문을 던지는 장르다. 구체적인 질문은 질문에서 멈추지 않고 청소년의 삶을 찾아보고 관찰하고 발견하는 행위로까지 나아가게 한다. 시에 꼭 청소년이 등장하지 않아도 상관없지만, 청소년에게 어떻게 다가갈 것인지에 대한 질문이 토대가 되어야 한다. 청소년을 어떻게 그렸는지의 문제가 아니라, 청소년에게 어떤

13 정현종, 「옮긴이의 말-홀연히 '처음'의 시간 속에서」, 파블로 네루다, 『질문의 책』, 정현종 옮김, 문학동네, 2013, 161~162면.

방식으로 다가갈 것인지에 대한 고민과 질문이 중요하다. 그러니 청소년을 잘 모르겠다는 말은 오히려 새로운 청소년을 발견할 수 있는 시작점이 될 수 있다. 이런 고민과 질문을 담은 시를 읽을 때, 시인과 마찬가지로 독자에게도 청소년시는 관습과 고정 관념에서 벗어나 삶을 몸과 언어의 감각으로 새롭게 경험하는 질문들의 장소가 될 수 있다.

    한강은 노벨 문학상 수상 강연에서 그동안 작품을 쓰며 품었던 질문들을 세세하게 보여 주었다.[14] 오래된 구두 상자 속에서 유년 시절에 쓴 일기장과 함께 연필로 '시집'이라고 또박또박 쓴 표지를 가진, 중철 제본을 한 조그만 책자를 발견하는 일화는 작가가 품고 산 질문의 시작점을 알 수 있게 해 준다. 그 책자는 작가가 여덟 살 때 쓴 여덟 편의 시를 담아 직접 만든 시집이다. 시집 안에는 다음과 같은 문장이 담겨 있다. "사랑이란 어디 있을까/팔딱팔딱 뛰는 나의 가슴 속에 있지.//사랑이란 무얼까?/우리의 가슴과 가슴 사이를 연결해 주는 금실이지." 이 문장은 그 당시 시로 썼던 질문이 어린아이의 끄적임에 머무는 것이 아니라, 한 사람의 삶을 관통해 나가는 근원이 될 수 있음을 보여 준다. 유년 시절에 품었던 시적 질문이 닫혀 있는 방식이 아니라 열린 형태로 작가의 삶에 끊임없이 영향을 준 것이다. 소설을 써 나가는 과정에서 작가는 글을 쓰며 자기가 품고 있던 질문에 매달렸음을 고백한다. 그것은 정답을 구하려는 것이 아니라, 더 적합한 질문을 찾는 과정과도 같다. 작품을 쓸 때마다 질문이 달라지고, 깊이가 깊어졌다는 것은 현실을 관망이나 관조하는 방식으로 바라보지 않았다는 것을 뜻한다.

    질문은 삶과 연결되어 영향을 주고받는다. "산 자가 죽은 자

14 Han kang, "Han Kang—Nobel Prize lecture in Korean", *The Nobel Prize*, Feb 24 2025.

를 구할 수 있을까?"라는 질문이 "죽은 자가 산 자를 구할 수 있을까?"로 바뀌는 순간을 만나게 된 것은 작가가 끊임없이 세계에 질문을 던지며 현실을 바라보고, 자신이 온몸으로 품은 질문을 구체화해 나가려 했기에 가능해진 것이다. 질문을 바꾸면 세계가 다르게 보인다. 질문은 다른 문을 열 수 있는 열쇠가 된다. 질문하는 태도는 그 질문이 적합한 질문인지, 세계를 설명해 줄 수 있는 질문인지 의심하고 돌아보는 힘을 갖게 한다.

청소년시도 마찬가지 아닐까. 좋은 청소년시는 좋은 질문을 가지고 있다. 의문문의 문장이 아니더라도 시가 가지고 있는 주제나 태도 안에 질문은 담긴다. 청소년시는 청소년의 삶을 새롭게 또는 정확하게 보려는 태도로, 시인이 청소년의 삶에 어떤 질문을 던지게 되는지, 그리하여 자신만의 적확한 또 다른 질문을 만들어 가고 있는지가 중요하다. 질문의 새로움은 정확하게 궤를 뚫는 형태로 가능해진다. 청소년시는 결국 시인의 이야기다. 청소년을 대신하여 목소리를 내는 것이 아니라, 청소년과 시인 자신의 접점을 찾아 체화된 언어로 쓰는 것이다. 다시 말해 지금의 청소년의 삶과 시인의 내면에 있는 청소년이 만나야 하는 것이다. 그 만나는 지점은 질문을 던지는 태도로 가능해진다. 세상에는 수만 수천 가지의 얼굴이 있듯이 그렇게 더 많은 질문을 삶에 다채롭게 던지며, 자신만의 형식을 고민하여 말하는 청소년시를 풍성하게 만나게 될 것을 기대해 본다.

청소년시의
교과서 수록 양상과
그 의미

국어 교실에 펼쳐진 청소년시의 가능성

정인탁

중학교 국어 교사. 충청북도 검인정 도서 심의위원, 전환기 교육 과정 개발위원, 창비청소년시선 기획위원으로 활동하고 있다.

목표한 대로, 계획한 대로 진행된 시 수업은 없었다. 시와 학생, 모두 뜻대로 되지 않아 애가 타고, 그래서 재미있고 사랑한다.

1. 교과서의 변화와 시 교육

국어 교과서 제재 선정은 '교육적 고려'와 '학습자의 요구', 이 둘의 교집합을 치열하게 찾아가는 과정이라 할 수 있다. 특히 문학 제재 선정은 교육 과정이라는 테두리 안에서 문학적 가치와 교육적 가치가 어우러진 작품을 찾는, 끊임없는 선택 속에서 이루어지는 일이다. 교과서 집필진은 그렇게 선별해 낸 반짝이는 작품들과 함께, 학생들이 이를 잘 소화할 수 있도록 활동도 마련해 제시한다. 제시된 작품이 그 자체로 감상의 대상이 되어 학생들에게 문학적 체험을 제공할 수 있어야 함은 물론이다.

그런데 교과서가 교육 과정을 이상적인 모습으로 구현한 책으로 인식되다 보니 그동안 문학 제재는 정전 위주로 선정되기 마련이었다. 또한 학습 목표에 맞게 재단된 형태, 혹은 비평의 옷을 덧입힌 채로 제시되기도 하였다. 특히 현대시는 자유로운 예술혼의 산물이면서도 교육적 틀 안에서 다루어진다는 양가성 때문에 늘 논란과 연구의 대상이 되어 왔다.

이러한 상황에서 현대시의 새로운 제재군으로 '청소년시'가 주목받고 있다. 현대시이면서도, 교육적 틀과 길항하고 상호작용하는 가능성을 의미 있게 제시한다는 이유에서다. 시대 흐름 속에서 교육 과정도 변화하고 있거니와, 다변화하는 매체 환경 속에서 학습자의 목소리를 반영한, 그들의 흥미와 관심을 끌 교과서 제재를 찾는 건 자연스러운 흐름이다. 청소년시가 주목받는 현상은 이렇듯 새로운 느낌의 교과서 제재에 갈급한 교육계의 요구와 맞닿아 있다고도 볼 수 있다.

지난 십여 년 동안 문학적 지평을 넓혀 온 청소년시는 점차 교실 안에서도 터를 잡아 가고 있다. 학생들과 함께 시를 읽고 호흡하는 교육자로서 그 터가 마련해 낸 시적 사유의 가능성을 살펴볼 필요가 있다고 생각했다. 하여 청소년시에 대한 논의가 시작된 이후에 도입된 2015 개정, 2022 개정 교육 과정에 따라 개발된 중·고등학교 국어과 교과서를 통해 청소년시 수록 양상을 살펴보고자 한다. 이를 위해 2015 개정 중학교『국어』9종, 고등학교『국어』12종,『문학』10종을, 2022 개정 중학교 1학년『국어』10종, 고등학교『공통국어』7종,『문학』7종 교과서를 분석의 대상으로 삼았다.

   교과서의 제재는 학습 목표 달성에 적합한지, 학습자의 발달적 특성이나 관심·흥미 등을 반영하고 있는지, 자신의 삶과 공동체의 가치를 내면화하고 사고를 확장해 줄 수 있는지 등을 함께 고려해야 한다. 이 글에서는 이를 각각 목표 지향, 학습자 지향, 가치 지향으로 명명하여 제재 수록 양상을 살펴보았다.

2. 청소년시의 교과서 제재화 양상-중학교『국어』

2009 개정 시기부터 교과서에 등장하기 시작한 청소년시[1]는 2015 개정 시기에 이르러 4종 6편의 글이 수록되었다. 9종의 중학교 교과서에 담긴 173편의 현대시 제재 중 동시가 19편이었던 점을 생각하면 청소년시는 이 시기에야 비로소 교육 현장에서 감상될 수 있겠다는 가능성을 인정받은 것으로 볼 수 있다. 이후 2022 개정에 이르러서는 중학교 1학년의 교과서[2] 5종 9편의 청소년시가 수록된 것을 확인할 수 있다.

[1] 박성우의「아직은 연두」(『난 빨강』, 창비, 2010)가 비상교육의 중학교 1학년『국어』활동 제재로, 창비교육 고등학교『문학』 바탕글로 수록되었다.

[2] 2022 개정 중학교『국어』교과서는 2025년 중1을 시작으로 2027년에 중학교 전 학년에 적용될 예정이다.

표 1. 2015, 2022 개정 교육 과정 중학교 『국어』 교과서 청소년시 수록 현황

교육 과정	수록작 및 출전	성취 기준	수록 형태	출판사
2015 개정	이삼남, 「교실」 (『처음엔 삐딱하게』, 창비교육, 2015)	비유와 상징의 표현 효과를 바탕으로 작품을 수용하고 생산한다.	1학년 '비유와 상징을 찾아서' 바탕글	금성
	이장근, 「나는 지금 꽃이다」 (『나는 지금 꽃이다』, 푸른책들, 2013)		1학년 '우리는 중학생이다' 바탕글	창비
	복효근, 「세상에서 가장 따뜻했던 저녁」 (『운동장 편지』, 창비교육, 2016)	작품에서 보는 이나 말하는 이의 관점에 주목하여 작품을 수용한다.	2학년 '시선과 목소리' 바탕글	지학사
	복효근, 「절친」 (『운동장 편지』, 창비교육, 2016)	자신의 가치 있는 경험을 개성적인 발상과 표현으로 형상화한다.	2학년 '나만의 색을 찾다' 바탕글	창비
	김애란, 「길」 (『난 학교 밖 아이』, 창비교육, 2017)	근거의 차이에 따른 다양한 해석을 비교하며 작품을 감상한다.	3학년 '세상을 이해하고 가꾸다' 추가 읽기 자료	창비
	김미희, 「외계인을 위하여」 (『외계인에게 로션을 발라주다』, 휴머니스트, 2013)		3학년 '주체적 감상과 쓰기' 추가 읽기 자료	비상

교육 과정	수록작 및 출전	성취 기준	수록 형태	출판사
2022 개정	김준현, 「우리 둘이」 (『세상이 연해질 때까지 비가 왔으면 좋겠어』, 창비교육, 2022)	운율, 비유, 상징의 특성과 효과에 유의하며 작품을 감상하고 창작한다.	1학년 '표현하는 나, 소통하는 우리' 바탕글	지학사
	김선우, 「맨드라미」 (『댄스, 푸른푸른』, 창비교육, 2018)		1학년 '빛나는 표현' 바탕글	해냄에듀
	나희덕, 「하늘의 별 따기」 (『의자를 신고 달리는』, 창비교육, 2015)		1학년 '문학과의 만남' 바탕글	천재 (노미숙)
	복효근, 「세상에서 가장 따뜻했던 저녁」 (『운동장 편지』, 창비교육, 2016)		1학년 '문학과 표현' 활동글	천재 (정호웅)
	조재도, 「자물쇠가 철컥 열리는 순간」 (『자물쇠가 철컥 열리는 순간』, 창비교육, 2015)	인간의 성장을 다룬 작품을 읽으며 문학의 가치를 내면화한다.	1학년 '성장의 시간, 삶을 담은 글' 활동글	지학사
	김영롱, 「삼촌」 (『국어 시간에 시 읽기 1』, 휴머니스트, 2012)		1학년 '읽고 쓰며 성장하는 삶' 개념 알고 가기	해냄에듀
	조재도, 「큰 나무」 (『자물쇠가 철컥 열리는 순간』, 창비교육, 2015)		1학년 '성장하는 우리' 활동글	천재 (정호웅)
	김선우, 「한 송이 말의 힘」 (『댄스, 푸른푸른』, 창비교육, 2018)		1학년 '우리가 만드는 세상' 단원 마무리 추가 활동글	미래엔 (신유식)
	이옥용, 「넌 어느 쪽이니?」 (『- +』, 도토리숲, 2022)			

이렇게 보면 교육적 영역에서 청소년시는 동시의 자리를 상호 보완하거나 대체해 나가고 있는 것을 볼 수 있다. 한편, 학습자들이 청소년시를 바탕글로 접하는 경우와 보조 제재로 접하는 경우 학습 경험은 동일하지 않을 것이다. 본 제재와 보조 제재가 요구하는 학습 경험의 깊이와 활동의 방향이 다르다는 점을 고려한다면, 바탕글의 수록 경향을 따라가 보는 것이 경향성 파악에 의미가 있을 것이다. 중학생이 되어 처음 만나는 1학년 교과서 제재의 상당수는 바탕글로 동시를 수록하고 있다. 2022 개정 중1 『국어』 교과서에 실린 현대시 바탕글 제재는 17편이며 그중 동시는 7편이다. 국어과에서 길러 주고자 하는 지식, 기능, 태도, 전략 등을 학습하는 데 효과적인 제재를 찾는 과정에서 상대적으로 이해하기 쉬운 텍스트인 동시를 활용하게 되는 것이다. 특히 비유, 상징과 같은 기능 영역 성취 기준을 반영한 단원에서 이러한 현상이 두드러지게 나타났다. 제재를 보완하는 별도의 제재나 상호 텍스트적 활동이 가능한 자료를 선정하여 학생들의 학습을 지원해야 하는 부담이 적은 갈래인 동시가 기능 영역을 학습하기에 효율적이라는 판단에서 선택된 것으로 보인다.

하지만 일부 동시의 경우 학습자 지향, 가치 지향 측면에서 한계를 보이기도 한다. 초등학교 때부터의 연속성을 보장해 준다 해도 중학생이라는 성장의 새로운 국면으로 넘어가는 학생들에게 일부 동시는 시에 대한 흥미를 잃게 하는 요인으로 작용하기도 한다. 학교 현장에서 중학교 학생들이 만나게 되는 동시는 주로 '봄', '시작', '3월의 정경', '자신의 가치 있는 경험'이라는 주제적 측면과 성취 기준에 초점을 맞추어 선정된 것으로 보인다. 그러다 보니 일부 제재에서 청소년이 공감하기 힘든 시대적 배경이나 동시적 세계관이 학습자들의 몰입을 방해하는 것이다.

제재가 담고 있는 가치가 무엇인지도 중요하지만, 그 내용이 학생들에게 어떻게 가닿을 수 있으며 어떤 새로운 지식과 경험을 제공할 수 있는가를 살펴야 한다. 시의 형상화 수준이나 언어 수준에 대한 학습자의 요구를 예민하게 포착하고 그들의 눈과 목소리로 새로운 시적 인식을 보여 준 청소년시가 주목받는 것은 학습자 지향과 가치 지향을 모두 충족하기 때문일 것이다.

> 키가 비슷한 맨드라미
> 뺨에 뺨을 대 보았어
> 나답고 맨드라미답게
> 체온이 서로 달랐어
>
> — 김선우, 「맨드라미」[3] 부분

위 시는 '나'와 타자가 비슷한 듯 보여도 서로 다른 존재임을 인정하고, 그 다름을 존중해야 한다는 태도를 학생들이 공감할 수 있는 시선과 방법으로 제시하여 시의 가치를 깨닫게 하고 있다. 학생들은 이 작품을 읽으며 단순히 운율과 비유 같은 시적 개념을 파악하는 것에 머무르지 않고 관계 형성에 대해 고민하며 인정과 존중의 태도가 필요하다는 것을 문학 언어의 특징과 함께 배우게 되는 것이다.

<표 2>는 2015 개정 교육 과정 교과서 중 1종의 현대시 제재(바탕글)를 정리한 것이다. 학년이 올라가면서 요구되는 시 감상의 깊이와 능력은 달라야 하므로 학습자 수준과 계열성을 고려

3 김선우, 『댄스, 푸른푸른』, 창비교육, 2018, 14~15면.

표 2. 중학교 『국어』(미래엔, 2015 개정) 교과서 현대시 수록 현황

학년·학기	단원명	현대시 제재
1-1	1단원. 표현의 즐거움	「햇비」(윤동주), 「고래를 위하여」(정호승)
2-1	1단원. 경험의 발견과 공감	「넌 바보다」(신형건)
	4단원. 세상을 보는 눈	「귀뚜라미」(나희덕)
3-1	1단원. 문학과 삶	「상처가 더 꽃이다」(유안진)
3-2	1단원. 삶을 배우는 독서	「봄은」, 「껍데기는 가라」, 「산에 언덕에」(이상 신동엽)

한 제재 선정은 반드시 필요해 보인다. 성취 수준만을 고려한 제재 선정은 시에 대한 학습자의 몰입과 흥미를 떨어뜨릴 수 있기 때문이다.

주제적 연계성 측면에서도 1학년 때 상징 표현 학습과 함께 꿈을 품고 사랑하며 살아가자는 바람을 담은 「고래를 위하여」를 학습하며 주체적 시 수용을 연습한 학생들이 '호랑이 선생님'(「넌 바보다」)과 같은 동시적 세계관으로 회귀하는 과정이 자연스럽지는 않다. 이후 학습하게 되는 「귀뚜라미」에서는 시에서 형상화된 세계를 바탕으로 시인이 말하고자 하는 바를 짐작하는 활동을 하게 되는데, 삶의 괴로움과 그 속에 피어나는 희망의 기미를 예민하게 감지하는 나희덕 시인의 시 세계가 갑작스레 어려운 깊이로 느껴질 수 있다.

중복 작품을 제외하고 2015 개정 중학교 『국어』 교과서 9종에는 총 67편의 현대시가 바탕글로 실려 있고 그중 동시 4편, 청소년시는 4편이 수록되어 있는데, 성취 기준별 수록 제재를 살펴보면 <표 3>과 같다.

대체로 청소년시와 동시가 제재로 선정된 단원의 성취 기

표 3. 2015 개정 교육 과정 성취 기준에 따른
중학교 『국어』 교과서 청소년시 및 동시 수록 현황

성취 기준(문학)		수록 작품
비유와 상징의 표현 효과를 바탕으로 작품을 수용하고 생산한다.	청소년시	「교실」(이삼남), 「나는 지금 꽃이다」(이장근)
	동시	「포근한 봄」(오규원) 2회, 「나무들의 목욕」(정현정)
작품에서 보는 이나 말하는 이의 관점에 주목하여 작품을 수용한다.	청소년시	「세상에서 가장 따뜻했던 저녁」(복효근)
	동시	「전봇대」(장철문)
자신의 가치 있는 경험을 개성적인 발상과 표현으로 형상화한다.	청소년시	「절친」(복효근)
	동시	「넌 바보다」(신형건)

준이 일치하는 경향을 보이는데 이는 그간 동시가 담당했던 역할을 청소년시가 수행하기 시작했음을 알 수 있다. 하지만 운율, 비유, 역설, 풍자 등 시적 개념, 즉 기능적 측면을 가르치기 위한 비교적 쉬운 텍스트로서 동시와 청소년시가 선택된 것으로 보여 아직 청소년시에 대한 깊은 이해가 동반된 제재 선정이라고 보기에는 무리가 있다.

게다가 성취 기준 중 문학 영역 9개에서 위에 제시된 3개의 성취 기준에만 청소년시가 등장한 것은 청소년시의 효용성이 일부 기능적 측면으로 활용되거나 단순한 소재적 측면이나 계몽적 주제에 한정하여 활용되었다는 오해를 불러일으킬 수 있다. 2015 개정에 따른 교과서 개발 시기가 창작면에서 청소년시의 양적 집약이 막 시작되는 단계라고 보았을 때 청소년시에 대한 인식의 한계점이 있었다고도 볼 수 있으며, 이후에 이루어진 청소년시의 다양한 양상이 출현하기 전이라는 점에서 우리는 2022 개정 교육 과정에 따른 교과서를 주목할 필요가 있겠다.

표 4. 2022 개정 교육 과정 성취 기준에 따른
중1 『국어』 교과서 청소년시 및 동시 수록 현황

성취 기준(문학)		수록 작품
운율, 비유, 상징의 특성과 효과에 유의하며 작품을 감상하고 창작한다.	청소년시	「우리 둘이」(김준현), 「하늘의 별 따기」(나희덕), 「맨드라미」(김선우)
	동시	「후후후」(성미정), 「길」(김종상), 「3월」(오규원)[4], 「봄날 아침」(최일환)
인간의 성장을 다룬 작품을 읽으며 문학의 가치를 내면화한다.	청소년시 (활동글)	「자물쇠가 철컥 열리는 순간」(조재도), 「삼촌」(김영롱), 「큰 나무」(조재도), 「한 송이 말의 힘」(김선우), 「넌 어느 쪽이니?」(이옥용)

2022 개정 교육 과정에 따른 중학교 1학년 『국어』 교과서에서는 청소년시의 기능적 측면은 물론이고, 주제적인 측면에서도 적극적 발견이 시도되었음을 확인할 수 있다. 2015 개정 이후 그사이에 이뤄진 청소년시 담론 확장과 청소년시의 변모는 교과서에서 지평의 확장을 기대하게 한다.

양적인 증가와 더불어 수록된 청소년시가 보여 주는 시적 사유는 청소년시가 뻗어갈 잠재적 공간을 보여 준다. 표현 방법을 통한 소통 단원에 수록된 「우리 둘이」는 오늘날의 청소년들이 처한 답답한 현실을 우정과 관계로 풀어가는 모습을 담아 내었을뿐만 아니라, 동시의 전형적 특성인 음성 상징어를 청소년 수준에 맞게 활용함으로써 형식과 내용의 조화를 구현했다. 「하늘의 별 따기」는 일상적인 대화 형식과 소재(별)를 통해 사람들이 흔히 귀하다고 여기는 대상을 바라보는 관점이나 이를 대하는 태도를 성찰하게 함으로써 현대 사회가 가진 사회적 문제의식을 청소년의 눈높이에서 바라보게 한다. 교훈적 내용을 우회적으로 전달하는 데

---

4 「3월」(오규원)의 경우 4종의 교과서에서 동일 성취 기준의 바탕글 제재로 사용되었다.

그치지 않고 청소년의 시각에서 자유롭게 사유하고 성찰하게 표현하여 청소년이 중심이 되어 문학의 즐거움을 느끼게 하는, 청소년시의 가능성을 보여 주는 것이다.

3. 청소년시의 교과서 제재화 양상
　　－고등학교『공통국어』,『문학』

고등학교 교과서의 경우 문학사적 의의를 갖거나 문학적 성취가 높은, 이른바 정전 위주로 작품을 선정하는 경향이 짙다. 세련되고 위트 있는 표현으로 대중의 눈길을 끌었거나 온라인 매체에 소개되어 주목을 받은 작품이 학습자 동기 유발 제재로 활용되는 경우는 있으나, 성취 기준을 오롯이 담아 내는 역할은 정전이 바탕글 제재로서 선정되는 경우가 많았다. 청소년시는 새롭게 추구되는 가치와 삶에 대한 경험을 환기하고 세계에 대한 인식을 확장하는 수준 높은 텍스트로 정전과 상호 작용 할 수 있는 여지가 많다. 실제로 다수의 2022 개정 국어과 교과서에서 청소년시가 다양한 성취 기준에 호응하는 것을 그 근거로 볼 수 있다.

　2022 개정 고등학교『공통국어』,『문학』교과서에는 총 7편의 청소년시가 수록되었다. 고등학교 교과서 수록 제재들에 보이는 첫 번째 특징은 '나'와 세상을 사유하는 청소년의 목소리가 복합적이고 깊이 있게 반영되었다는 점이다. 「나는 오늘」은 일기 형식을 빌어 청소년의 하루를 표현한 시로, 다양한 표현 방법과 화자의 생각, 감정을 이해하고 자신만의 시각으로 시를 재구성하는 단원에뿐만 아니라 오늘날 청소년의 문학 소통 방식에 대한 새로운

표 5. 2022 개정 고등학교 국어과 교과서 청소년시 수록 현황

과목	수록작 및 출전	성취 기준	수록 형태	출판사
공통 국어	오은, 「나는 오늘」 (『마음의 일』, 창비교육, 2020)	문학 소통의 특성을 고려하여 문학 소통에 참여한다.	1단원. '문학 소통과 개성적 표현' 바탕글	창비교육
	손택수, 「나무의 꿈」 (『나의 첫 소년』, 창비교육, 2017)	갈래에 따른 형상화 방법의 특성을 고려하며 작품을 수용한다.	1단원. '문학의 여러 얼굴' 바탕글	천재교과서 (김종철)
문학	오은, 「나는 오늘」 (『마음의 일:재수x오은 그림 시집』, 창비교육, 2020)	작품을 읽고 새로운 시각으로 재구성하거나 주체적인 관점에서 작품을 창작한다. • 다양한 매체로 구현된 작품의 창의적 표현 방법과 심미적 가치를 문학적 관점에서 수용하고 소통한다.	2단원. '문학의 수용과 생산 (3) 창작과 매체' 바탕글	미래엔 (방민호)
	서형오, 「플라스틱」 (『신발 멀리 차기』, 창비교육, 2021)	문학을 통해 공동체가 처한 여러 문제들을 이해하고 문제 해결에 참여하는 태도를 지닌다.	4단원. '삶과 함께하는 문학 (1) 문학과 공동체' 활동글	해냄에듀
	김선우, 「봄」 (『댄스, 푸른푸른』, 창비교육, 2018)	주체적인 문학 활동을 생활화하여 지속적으로 문학을 즐기는 태도를 지닌다.	1단원. '문학의 본질 (2) 문학의 생활화' 단원 도입	창비교육
	김애란, 「길」 (『난 학교 밖 아이』, 창비교육, 2017)	문학을 통하여 자아를 성찰하고, 타자를 이해하며 상호 소통한다.	5단원. '문학과 소통 (1) 자아 성찰과 타자 이해' 활동글	창비교육

길을 제시하는 소통 단원에도 포함되었다. 특히 이 시는 작가와 작품이 다양한 경로로 먼저 알려지고 이에 독자들의 수용이 활발하게 일어났으며, 이러한 추동력으로 청소년시의 저변이 확대되면

서 교과서에까지 실리게 된 것으로 보인다. 「플라스틱」, 「길」의 경우, 심화 활동 제재로 제시되어 사회적 문제를 공동체의 문제로 치환하여 청소년의 삶 가까이 끌어와 함께 고민하고 연대할 수 있는 가능성을 청소년 스스로 고민하게 하고 있다.

> 누군가의 몸을 데워 주고 난 뒤
> 춤을 추듯 피어오르는 거야
> 하지만, 지금은
> 다만 내 잎사귀를 스치고 가는
> 저 바람 소리를 들어 보렴
> 너는 지금 바람을 만나고 있구나
> 바람의 춤을 따라 흔들리고 있구나
> 지금이 바로 너로구나
>
> — 손택수, 「나무의 꿈」[5] 부분

이 시는 서정 갈래의 특성과 형상화 방법을 고려한 작품 감상을 위한 단원에 수록된 제재로 함축적 시어와 감각적 심상, 운율 등 서정 갈래의 구성 요소들이 유기적으로 연결되어 주제를 효과적으로 드러내고 있다. 더불어 미래에 대한 불안으로 방황하는 청소년을 향한 위로와 격려를 담아 학생들의 공감을 이끌어 내고 있다. 바르게 살라 강요 없이 교훈을 주며, 자유롭다 표현하지 않아도 자유로운 모습을 은유하는 과정에서 청소년들은 시에 빠져들 수 있으며 시적 사유를 경험하게 된다. 청소년시가 가진 힘을 잘 보여 주는 작품이라고 할 수 있다.

5 손택수, 『나의 첫 소년』, 창비교육, 2017. 8~9면.

두 번째 특징으로 청소년시가 다양한 성취 기준에 부합하는 제재로도 활용되는 경향성을 발견할 수 있다. 앞선 중학교 교과서 논의에서 청소년시의 가능성이 좁게 제한되지 않을까 했던 우려가 해소되는 지점이다. 7편의 청소년시는 서로 다른 성취 기준을 다룬 단원에 담겨 있다. 이는 청소년시가 가진 확장성과 대안 정전으로서의 가능성을 엿볼 수 있게 한다. '나'와 세상의 목소리를 문학의 울타리 안에서 복합적이고 시적으로 사유하는 청소년시 안에서 문학 제재가 갖춰야 할 목표 지향, 가치 지향, 학습자 지향적 요소들을 많은 부분 찾을 수 있음은 물론이다.

4. 청소년시와 교과서가 함께 성장하기 위하여

청소년시는 그 명칭에서 유추되어 동시와 기성 문학의 간극을 메우는 어디쯤에 자리한 도구적 갈래로 인식되기도 했다. 하지만 오늘날 청소년시는 자체적인 담론을 형성하며 하나의 독립적인 장르로 자리매김해 가고 있다. 청소년들이 현실에서 느낄 법한 다양한 감정의 소용돌이와 깊어지는 사유 등이 작품 안에서 자기 성찰과 맞물려 진솔하게, 청소년과 닮게 표출된다. 청소년시를 읽는 것은 청소년을 이해함과 동시에 우리 모두 안에 있는 청소년기의 목소리를 함께 나누는 것이며 시를 읽는 독자는 그 대화에 함께한다는 점에서 의미가 있다.

지금까지 청소년시가 다채롭게 외연을 넓히며 보석 같은 작품들이 창작되었고, 교육 과정 개정을 거치며 교육 현장에서 그 영역을 확장하는 양상을 살펴보았다. 교과서 제재로 수록되는 청소년시가 늘어가는 것은 청소년시가 변화하는 교육 현장과 교육 과정의 목소리에 조응하고 있음을 보여 준다. 이를 검토하는 것은 청소년시가 지닌 교육적 활용도를 탐구하는 작업이었으며, 나아가 청소년시가 내포한 다양한 가능성의 영역까지 확인할 수 있는 기회였다. 이를 통해 청소년시는 오롯한 작품으로 미적 자질을 보여 줌과 동시에 새롭게 자리잡은 독립적 갈래라는 점을 다시 한번 인식할 수 있었다.

물론 한계와 어려움도 있다. 청소년시 제재가 특정 성취 기준이나 특정 주제에 편중되어 기능적으로 소모되는 경향이 확인되었다. 때문에 교수자들은 다양성을 추구하여 학습자가 시의 전형성과 독창성을 함께 경험할 수 있도록 새로운 형식을 담은 청소년시를 적극적으로 발견하고 교과서에 수용할 필요가 있다. 또한 교과서의 제재는 교육적 가치와 문학적 가치를 균형 있게 갖추고 있다 하더라도 학년별 연계성으로 고려해 함께 조직된 다른 제재와의 조화도 고려해야 한다. 이를 위해 청소년시를 교육 현장에서 어떻게 가르치고 있으며 어떤 위상을 만들어가고 있는지에 대한 경험적 검증을 반영할 필요가 있다. 현장에 반영된 청소년시가 교실에서 얼마만큼의 만족도를 보일지, 활동과 함께 살핀다면 청소년시의 위상과 그 교육적 가치에 대한 논의의 토대를 탄탄하게 마련해 갈 수 있을 것이다. 아울러 교육 과정 또는 교과서 재구성이 활발히 이루어지며 교사의 적극적 역할이 강조되는 최근의 변화를 고려할 때 청소년시에 대한 교사의 관심과 안목도 필요하다. 교사가 주도적으로 제재를 선택하고 활용할 수 있는 눈을 키워야 하는 것은 자명한 일이다.

아울러 2022 개정 교과서 개발이 끝나지 않은 현시점은 청소년시가 그동안의 논의를 자양분으로 현장과 조응하며 발견되지 않은 새로운 특징과 매력을 찾아 수용하거나 변화할 수 있는 기회다. 향후 교과서 개발이 완료되면 텍스트에 대한 흥미도, 난도, 적절성에 대한 다양한 논의와 연구가 이어질 것으로 기대한다. 그 과정에서 청소년시의 위상은 다시 확인될 것이며, 새롭게 정립된 위상에 발맞춘 청소년시의 변화는 새로운 교육 과정과 교과서 개발에 영향을 주어 흥미로운 문학 수업, 학생들의 삶에 가닿는 문학 수업을 준비하는 교사들에게 의미 있는 시사점을 줄 것이다. 교과서와 청소년시가 서로의 발전을 자극하며 함께 성장하여 문학 교육의 전환이 이루어지기를 기대해 본다.

교실에서
청소년시 읽기

시 읽기의
시작과 도착

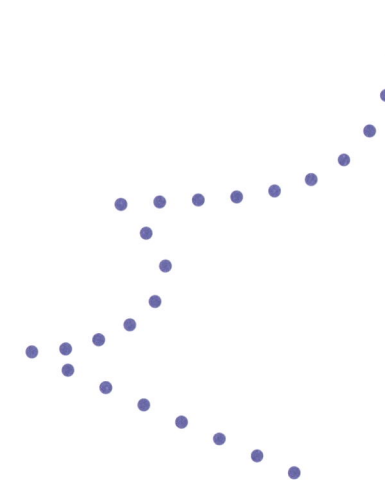

이종은

고등학교 국어 교사. 『국어 교과서 작품 읽기 고등 시』(창비)를 함께 엮었고, 고등학교 교과서 『공통국어 1, 2』, 『문학』(이상 창비교육)에 집필진으로 참여했다. 학생이 할머니 할아버지가 되었을 때도 교실에서 함께 읽었던 시를 기억할 수 있기를 바라며 여러 방법을 시도 중이다.

시를 해석하는 요령

꽤 오래전 일이지만 학교 방과 후 프로그램으로 교과서에 실리지 않은 낯선 시 읽기를 진행한 적이 있다. 그때 학생들이 시를 어떤 방법으로 읽는지 가까이에서 보게 되었다. 학생들은 시를 두세 번 반복해서 읽더니 무슨 말인지 전혀 모르겠다고 했다. 그중 한 학생이 갑자기 작가가 어느 시대 사람이냐고 물어 왔다. 그것이 왜 궁금하냐고 되물었더니 "일제 강점기 때 작가인가 해서요."라는 답이 돌아왔다. 그러자 옆에 있던 다른 학생이 "너도 그렇게 하는구나? 나도 그런데!"라고 맞장구를 쳤다. 무슨 소리인가 했더니 학생들이 한목소리로 설명해 주었다. 시를 읽고 잘 파악이 되지 않으면 먼저 시가 일제 강점기 때 쓰인 것인지를 확인하는데, 과연 그렇다면 독립의 의지, 저항 등을 주제로 생각하며 읽고, 그렇지 않다면 자아 성찰을 주제라 여기고 읽는다는 것이었다. 그 이야기를 듣고 황당하여 그렇게 읽으면 안 된다고 하니, 이번에는 학생들이 "이게 꿀팁인데요! 그럼 어떻게 읽어요?"라며 오히려 당황스러워했다. 이런 경험도 있다. 모둠 활동을 통해 시를 감상해 보는 수업을 준비했는데 몇몇 학생이 "어차피 정답은 선생님 설명"인데 우리에게 생각해 보라고 하지 말고 그냥 정답을 알려 주면 좋겠다고 했다. "선생님, 이거 맞나요?", "우리가 생각한 것이 틀리면 어떻게 하죠?"라는 질문은 수도 없이 받았다.

학생들에게 '시' 하면 떠오르는 생각을 물으면 다수가 '이해가 어렵다.'라거나 '그나마 짧아서 다행이다.'라고 대답한다. 반면 문학을 좋아한다는 한 학생은 시가 좋은 이유로 '내 마음대로 해석할 수 있다.'라는 점을 꼽았는데, 어쩌면 '내 마음대로 해석'하면 된다는 식의 생각이 시를 어렵게 만드는 이유는 아닐까 하는 생각도 들고, 한편으로 정말 시는 '내 마음대로 해석'해도 되는 것인가 하는 생각도 하게 된다. 이해가 어렵다고 하니 교사는 학생이 시를 이해하기를 바라는 마음으로 다양한 방법을 찾는다. 특히 많은 고등학교 교사들이 시를 수업할 때 '화자', '시적 대상', '정서', '태도' 등과 같은 용어를 사용하여 설명한다. 그런데 막상 학생에게 '시의 화자'에 관해 물으면, '화자'라는 말은 들어 봤다고 하면서도 시에서 '화자'를 스스로 찾지 못하는 경우가 많다. 물론 시를 읽으며 화자를 찾는 것이 중요한 일인가, 화자를 못 찾으면 시를 감상할 수 없나 하는 생각이 들 수도 있고, 그래서 시를 읽으며 화자가 누구인지부터 찾는 것은 기계적인 접근이고 오히려 시 감상을 방해하는 것이 아닌가 생각할 수도 있다. 그래서 누군가는 '시는 가슴으로 느끼는 것'이라고 말하지만, 학생들은 이러한 말 앞에서 또다시 망연자실해져서 "느껴지는 것이 없는데요?" 하는 말로 시 읽기를 끝내려 하기도 한다.

그래서 시 수업을 준비할 때마다 되짚어 보며 고민하는 질문은 이런 것이다. 교사의 설명을 열심히 들으면, 시와 관련된 개념어를 알면, 수능 대비를 열심히 하면, 학생은 시를 스스로 이해하고 감상할 수 있게 될까? 이때 초점은 '스스로'에 있다.

시를 스스로 감상하기

그래서 언젠가부터 시 수업을 시작할 때 "지금부터 우리는 시 한 편 한 편의 해석을 공부하는 것이 아니라 시를 스스로 읽는 방법

특집

을 공부할 것"이라고 선언한다. 무언가를 스스로 할 수 없다고 생각하면 그것이 어렵고 두렵고 재미없어지니 수업을 통해 시를 스스로 이해하고 감상하는 방법을 익히자고 설득한다. 그리고 교실에서 시를 읽는 이유는 시험에서 좋은 점수를 받기 위한 것만은 아니며, 문학 작품이 우리 삶에서 때로는 힘이 될 수 있고 길을 보여 줄 수도 있으며, 시를 즐기게 되면 인생이 풍요로워진다고도 말한다. 그러면 학생들은 그동안 수업에서 느꼈던 답답함을 해소하고 싶어서, 수능에 어떤 시가 나오든 자신감을 갖고 문제를 풀기 위해서, 특별한 목적은 없지만 그래도 읽으면 좋지 않을까 싶어서, 선생님의 시도에 호응해 준다는 의미에서 등 서로 조금씩은 같고 조금씩은 다른 이유로 수업에 참여한다.

  그 실천의 과정에 교과서에 실린 적 없는 다양한 시, 특히 인터넷 등으로 풀이나 해석이 검색되지 않는 시 여러 편을 문학 교실로 가지고 갔다. 여기에 청소년시가 있다. 이유는 하나다. 학생이 다른 사람이 정리해 놓은 해석을 정답인 듯 외우며 자기 생각은 그리 중요하지 않다고 여기는 태도를 경계하고, 작품을 스스로 이해하고 감상하는 경험을 만들기 위해서였다.

  물론 스스로 이해하고 감상하게 되기까지는 충분한 학습과 반복되는 연습 과정이 있었다. '화자', '시적 대상', '정서', '화자의 태도'처럼 시에 관한 여러 개념도 공부했지만 중요한 지점은 그 개념에 해당하는 내용을 여러 편의 시에서 스스로 확인해 보는 활동을 무수히 반복했다는 것이다. 예를 들어 '화자'라는 개념을 이해하기 위해 여러 편의 시를 읽으며 학생이 직접 화자를 찾아보고 화자가 시에서 어떤 역할을 하는지 생각해 보게끔 했다. 시의 언어를 살펴 화자는 지금 어떤 처지인지, 화자의 정서는 어떻게 형상화되는지 생각해 보고, 이런 과정을 통해 시가 이야기하는 방식에 대해 자기 감각으로 느껴 보는 경험을 수차례 반복하는 식이다.

처음에는 모둠 활동으로 연습하는데, 하다 보면 '내 마음대로 해석'이라는 말이 '아무렇게나 해석'하라는 뜻은 아님을 알게 된다. 학생이 읽기에는 난해할 수도 있지만 그래도 '운율'의 개념을 이해하는 데는 도움이 될 것이라 생각하고 이제니 시인의 「옥수수 수프를 먹는 아침」이나 「고백을 하고 만다린 주스」를 함께 읽은 적이 있다. 한 반의 여섯 개 모둠이 해석을 발표하고 나면 학생들은 서로 다르지 않게 이해하고 비슷한 감정을 느낀 지점이 있다는 것을 알게 되면서 시에 대해 이야기할 때 늘 되묻던 말, "어차피 각자 느끼기 나름 아닌가요?"라는 말이 반드시 정답은 아닐 수도 있다는 점을 경험으로 깨닫기도 했다. 그리고 어떤 경우에는 서로 의견을 주고받다가 "화자의 감정이 그렇다는 것을 어떻게 알 수 있어? 그렇게 생각한 이유를 설명할 수 있어?", "그러면 말이 안 되는 것 같은데…….", "저쪽 모둠 해석이 더 설득력 있는 것 같아." 등의 반응을 보였다. 이 과정에서 "시는 그냥 멋있는 말을 모아 놓은 것인 줄로만 알았는데 아니었다."라는 소감을 밝힌 학생도 있었다.

최근 이삼 년간 수업에서 활용한 청소년시는 「나는 오늘」, 「돌멩이」(이상 오은), 「난 빨강」(박성우), 「편의점 25시」(하재일), 「나무의 꿈」(손택수), 「공모자들」(김현서), 「주민등록증 나오던 날」(박일환), 「마음과 마음도」(나희덕) 등이다. 청소년시가 아닌 작품으로는 「봄날」(이문재), 「춘천닭갈비집에서」(권혁웅), 「토막말」(정양), 「아들에게」(문정희), 「우주인」(김기택), 「오 분간」(나희덕), 「옥수수 수프를 먹는 아침」, 「고백을 하고 만다린 주스」(이상 이제니),

「은행알의 맛」(신미나), 「엉망」(안미옥) 등을 읽었다.

학생들에게 청소년시를 따로 구분 지어 주지는 않았다. '시'는 그냥 다 '시'라고 생각해서 공부하는 데에 차이를 둘 필요는 없다고 보았기 때문이다. 학생들도 청소년시와 아닌 시 사이의 차이를 이야기하는 경우는 없었고 '가장 기억에 남은 시'만을 이야기할 뿐이었다.

어쩐지 끌리는 시

이런 과정이 끝나면 '스스로' 시집을 선택해 읽고 시 한 편을 골라 비평문을 써 보거나 추천사를 쓰는 등 여러 가지 활동을 한다. 이를 위해 대략 이백여 권 이상의 시집을 왜건에 싣고 교실로 들어간다. 교과서에 작품이 실린 시인의 시집, 시대별로 대표적인 작품이 담긴 시집, 최근에 출간된 시집, 젊은 시인의 시집, 청소년시집, 다양한 주제로 묶인 시선집 등을 준비하는데, 이때 '청소년시'에 대해서도 구체적으로 소개한다. 학생은 시집 소개를 들은 후 교실 앞으로 나와 살펴보고 각자 자신이 읽고 싶은 시집을 고른다.

반응은 제각각이다. 청소년시집을 보고 "선생님, 이런 시집도 있네요?" 하며 신기해하는 학생이 있는 반면에 수업 시간에 배워서 알고 있던 시인의 시집을 읽어 보고 싶다며 "여기에 윤동주 시인 시집도 있어요?"라고 묻는 학생도 있다.

사실 교실에서 시를 읽는다는 것을 순수하게 문학을 즐기는 행위로 받아들이는 학생은 귀하다. 시를 읽을 때 학습과 평가와의 연계성을 배제하기란 쉽지 않기 때문이다. 그래서 시 한 편을 고를 때도 좋은 점수를 받기 위해 읽기 쉬운 시, 점수 받는 데에 유리하다고 생각되는 시를 고를 수도 있는데, 놀랍게도 대부분의 학생이 그런 선택을 하지 않는다. 정말 자기가 읽고 싶은 시를 취향껏 고른다. 때로는 아주 어렵게 느껴지는 시를 고르는 학생도 있는데 은근슬쩍 다른 시를 골라 보라고 권유하지만 거의 통하지 않는다. 어려워서 답답하기도 하지만 자신이 선택한 시를 끝까지 읽고자 하는 마음이 크기 때문에 학생들은 시를 읽으며 수십 개의 질문을 떠올린다. 때로는 그 질문이 교사에게 쏟아지기도 한다. 학생과 함께 머리를 맞대고 이런저런 이야기를 나눠 보기도 하지만, 어떤 때는 "선생님이라고 모든 것을 다 알고 있는 것은 아니야."라고 말하며 슬그머니 뒤로 물러날 때도 있다. 그러면 학생은 한참을 혼자 궁리하다가 "어려운 시를 골라서 좋은 점수를 받기는 힘들겠다."라며 뒤늦은 후회를 하기도 하지만, 이해가 충분하지 않은 채로 활동을 마무리하거나 엉뚱한 결론에 이르더라도 "내가 고른 시가 조금 더 좋아지는 것 같다."라고 말하며 뿌듯한 마음을 표현하기도 한다. 자기 평가 시간에 이르면 스스로에 대한 아쉬움을 표현하거나 자기 성찰을 하기도 하고, 앞으로 시를 읽을 때는 어떤 자세로 읽고 싶은지 다짐을 하기도 한다.

　이렇게 시를 스스로 읽을 수 있게 되면, 게다가 어떤 시를 선택할 것인지도 자기 몫이 되면, 학생은 읽고 싶은 시를 읽는데, 대부분이 '어쩐지 끌리는 시'를 고른다. 어떤 학생은 '멋있는 표현이 많은 시'를, 어떤 학생은 '공감이 잘될 것 같은 시'를, 또 어떤 학생은 '도전해 보고 싶은 시'를 고른다(물론 '짧은 시'를 고르는 학생도 있다). 그런데 그 말의 의미와 기준은 저마다 다르다. 학생도 모두 각자의 취향이 있고 자신만의 생각이 있기 때문에 누가 뭐라

해도, 때로는 그것이 좀 어렵고 이해가 잘되지 않더라도 자신이 좋아하는 것을 선택하고 도전하고 싶은 마음이 있는 것이다.

　　이러한 경험은 문학을 대하는 태도에도 영향을 미친다. 다른 시집을 더 읽고 싶은데 또 이런 수업이 있냐고 묻는 학생도 생기고, 수업 중에 읽었던 시집이 좋아서 같은 시집을 사서 집에서 읽었다는 학생도 있었다. 다른 갈래를 공부할 때도 더 긍정적인 자세가 되어 수업 시간에 읽게 될 작품을 소개하면 "재밌겠다."라고 말하는 학생도 생긴다.

　　물론 어떤 시집을 골라야 할지 모르겠다고 하거나 읽고 싶지 않다고 짜증 내는 학생도 당연히 있다. 그럴 때는 청소년시집 두세 권을 골라 "이 시집 어때? 봐 봐. 이 시 네 얘기 아니야?" 하면서 권해 본다. 그러면 그 시집을 들고 마지못해 자리로 들어가는데 잠시 뒤에 보면 조용히 읽고 있거나, 어느새 다시 나와 원하는 시집을 찾아 자리에 가기도 한다. 그럴 때 나의 역할은 모른 척하고 있다가 시간이 좀 지나 그 학생 곁에 가서 "어때?" 하고 은근슬쩍 말을 걸어 보는 것이다.

　　학생에게 청소년시집을 추천하는 이유는 청소년시에서 다루는 소재가 청소년의 삶을 바탕으로 하고, 그래서 학생에게 더 친근하게 느껴질 것이라 기대하기 때문이다. 「조퇴」(배수연)를 읽은 학생은 자신이 조퇴증을 받았던 경험과 그때의 감정을 떠올리며 화자에게 공감한다. 「짝사랑」(조재도)을 읽고는 옆 친구를 툭툭 치며 "이 시 네 이야기다."라고 놀리기도 하고, 「수행 평가 – 인생 곡선 그리기」(이삼남)를 읽고 스마트폰으로 찍으며 "이번에 중학교에 입학한 동생에게 좀 보여 주려고요."라며 인생의 쓴맛을 먼저 안 자의 여유를 부리기도 한다. 「걔들은 '우리'인 거고 난 그냥 '너'

였던 거」(임수현)를 읽은 학생은 자신을 힘들게 했던 친구와의 관계를 고백해 오기도 했다. 이처럼 자신과 주변에서 일어나는 일을 소재로 하는 청소년시를 통해 학생은 시가 재현하는 세계를 적극적으로 상상하고 자기 삶에 구체적으로 이입하면서 시를 향해 한 발 더 가까이 다가간다. 그리고 스스로 설명하지 못하고 어렴풋하게나마 느꼈던 감정을 정확하게 언어화한 시를 만나기도 한다.

담임샘,
조퇴증 좀
처방해 주세요

두통도 배탈도 감기 몸살도
조퇴증만 받으면
희한하게 벌써
나은 것만 같죠

모두가 수업 중인 복도를 지나
열 오른 이마 위로 산뜻한 하늘
한가로운 운동장을 구름처럼 미끄러지는 그 기분!

보건실에도 약국에도 없는
그러니까 담임샘,
조퇴증 좀

— 배수연, 「조퇴」[1] 전문

[1] 배수연, 『가장 나다운 거짓말』, 창비교육, 2019, 26면.

나와 같은 시, 나와 다른 시

한 편의 문학 작품을 읽고 우리는 모두 다른 생각을 한다. 이해의 정도도 다를 수 있고 감동의 종류나 깊이도 다를 수 있다. 심지어 누군가는 '인생작'이라고 평가하는 작품이 또 다른 누군가에게는 별다른 감흥을 주지 못할 수도 있다. 청소년시도 그런 것이다. 청소년의 삶을 다루었다고 해서 청소년시의 내용이 청소년에게 무조건 이해나 공감을 불러일으키는 것은 아니다. 학교생활에 대해서도 그것을 대하는 각자의 생각이나 감정이 저마다 다르기에 자신의 경험과 감정을 재현해 주는 청소년시도 있지만, 때로는 청소년 당사자로서 한 번도 경험해 보지 못한 사건이나 생각해 보지 않았던 감정을 담고 있는 청소년시도 있기 때문이다.

한번은 학교에서의 반복되는 일상이 답답하다는 내용의 시를 읽은 학생이 학교생활이 왜 반복적이고 답답한 것인지 이해가 안 된다고 해서 오히려 교사가 학생에게 학교생활이 답답하지 않냐고 되묻는 상황이 펼쳐지기도 했다. 이 학생은 학교에서는 늘 여러 가지 재미있는 일이 생긴다고 했다. 수업 중에 「난 빨강」을 읽었던 기억을 떠올린 학생은 "발라당 까진 빨강이 끝"[2]이라는 화자와 달리 자신은 "수많은 감정들을 품고도 검정"[3]이 자신을 더 잘 표현한 것 같다며 「검정의 감정」을 찾아냈다. 이처럼 청소년시의 화자와 유사한 상황을 공유하지만 그 상황에 관해 느끼는 감정이나 상황을 대하는 태도는 각자 다를 수 있으므로, 학생들은 청소년시를 읽으며 작품 속 상황을 자신의 관점에서 재해석해 현재를 살고 있는 구체적인 자기 자신, 화자와는 다른 단 한 명의 개인으로서 자신을 발견한다. 작품 속 세계에 공감하기도 하고 거리를 두기도 하

[2] 박성우, 『난 빨강』, 창비, 2010, 64면.

[3] 손택수, 『나의 첫 소년』, 창비교육, 2017, 28면.

면서, 때로는 반발하거나 저항하면서 균열을 경험하고 자신과 세계를 알아 간다.

  한편 학생은 자신이 알지 못하던 청소년의 삶을 다루고 있는 시를 만나 같은 또래이지만 서로 다른 삶을 살아가는 청소년이 있다는 것을 알게 되기도 한다. 청소년시를 읽으며 학교 밖 청소년의 불안이나 두려움에 대해 간접적으로 경험하기도 하고, 폭력적인 친아빠를 피해 도망친 뒤 "때로는 자식도 부모를/선택해야 할 때가 있다"라고 하며 자신을 아껴 주는 새아빠가 진짜 아빠라고 말하는 화자를 통해 모든 청소년의 삶이 자신과 비슷한 것은 아님을 깨닫는다. 그러는 동시에 그동안 생각해 보지 않았던 이야기에 귀 기울이게 된다. 즉 '나'를 중심에 두고 삶을 바라보던 시선에서 벗어나 시 읽기를 통해 낯선 삶과 낯선 생각을 접함으로써 새로운 인식에 이르고 삶의 가치와 의미를 새로이 깨닫게 되는 것이다.

  엄마 집에 갔다 온 날은
  아빠한테 맞았다
  따귀도 맞고
  머리도 맞고
  정강이도 걷어차였다

  어느 날은 입술이 터지고
  어느 날은 앞니가 부러지고
  여기저기 멍 들었지만
  울지 않고 버텼다
  난 잘못한 게 없으니까

무조건 때리고 보는
아빠가 싫으니까

버티고 버티다
엄마 집으로 도망쳤다
때로는 자식도 부모를
선택해야 할 때가 있다
나는 친아빠가 아닌
새아빠를 선택했다

트럭 운전사인 새아빠는
내게 욕을 하지도
날 때리지도 않는다
엄마랑 나를 트럭에 태워
놀러 가기도 히고
예쁜 얘가 내 딸이라고
사람들한테 자랑도 한다
새아빠가 진짜 내 아빠다

— 김애란, 「진짜 아빠」[4] 전문

시가 삶으로 들어오는 순간

시 수업의 마지막에 학생은 자신이 고른 시를 옮겨 적고 추천사를

[4] 김애란, 『보란 듯이 걸었다』, 창비교육, 2019, 50~51면.

써서 편지봉투에 담는다. 봉투 겉면에 인상적인 시 구절을 적고 봉투를 밀봉한 뒤 복도 게시판에 붙여 선생님과 학생 누구나 마음에 드는 봉투를 떼어 갈 수 있도록 했다. 이 활동에는 '시 한 봉지 가져가세요!'라는 이름을 붙였는데 봉투가 생각보다 빠르게 사라져 한 번 더 붙여야 했다. 그리고 봉투에 담긴 시를 읽고 자발적으로 소감을 남길 수 있도록 마련한 코너에는 다른 교과 선생님들과 이 수업과 무관한 학생들도 감상을 남겨 준 덕에 잠시나마 많은 이가 시심詩心을 나누는 시간을 가질 수 있었다. 특히 앞에서 소개한 「진짜 아빠」를 추천한 학생이 여러 명이었는데, 이 시가 담긴 봉투를 가져간 학생과 교사 모두 진한 소감을 남긴 것이 인상적이었다.

　학생이 스스로 시를 읽을 수 있는 수업을 만들자고 생각했을 때 이런 기대를 했다. 시를 가까이 있는 것이라 느끼고 자신의 삶이 시와 어떻게 연결될 수 있는지 스스로 경험하기를 바랐다. 이 과정에서 청소년시를 활용한 까닭은 청소년시가 그리는 세계가 학생에게는 매우 구체적으로 느껴지는 친밀한 세계이므로 시에 담긴 이야기와 마음을 들여다보는 일에 학생 자신이 주체가 되어 더 적극적으로 참여하지 않을까 하는 추측이 있었기 때문이다. 이러한 경험이 쌓여서 자신이 처음 골랐던 시집을 읽은 다음 또 다른 '끌리는' 시집을 찾아 스스로 읽게 되지 않을까, 진지하게 자신이 고른 시의 의미를 좇으며 더 넓은 시의 세계로 나아갈 수 있지 않을까 기대했다. 그리고 마침내 살면서 아주 가끔일지라도 '시 한 번 읽어 볼까?' 하는 마음이 생기는 어떤 순간으로 이어지기를 바란다.

　결국 시 수업에서 '스스로'를 강조하는 이유는 지금뿐만 아니라 먼 훗날의 어떤 때를 위해서다. 지금 시를 읽은 경험이 기억에 남아 먼 훗날 마음이 쓸쓸해서, 허전해서, 괴로워서, 위로받고 싶어서, 무엇을 해야 할지 모르겠어서 '시 한번 읽어 볼까?' 하는 마음이 생기기를 기대한다. 어른이 되어도 삶의 지혜나 위로는 언제나 필요하고, 그럴 때 친구를 만날 수도 있으며, 음악을 듣거나 영화를 볼 수도 있고, 여행을 가거나 게임을 하거나 야식을 시키고 술을 마실 수도 있겠지만, 가끔은 고요히 시집을 펼치는 날도 있기를 바란다. 그런 바람에서 지금 스스로 시를 읽고 감상했던 경험이 그때 시집을 다시 펼칠 수 있게 하는 밑거름이 되리라 믿어 보는 것이다.

미래의 어느 날 어느 순간, 시를 읽고 싶다는 마음이 든다면 교실에서 함께 시집을 읽으며 스스로 시를 이해하고 감상하는 힘을 기르기 위해 서로 애썼던 오늘의 수업이 비로소 바라는 지점에 도착했다고 말할 수 있을 것이다.

청소년들의 펄떡이는 감수성에 가닿을 시를 보여 주자
김이구 박종호

만남

'창비청소년시선'의
시작을 돌아보며
김이구 기획위원과의
가상 인터뷰

청소년들의 펄떡이는 감수성에 가닿을 시를 보여 주자

박종호

창비교육 기획위원, 전 고등학교 국어 교사. 고등학교 교과서 『문학』, 『국어』(이상 창비) 집필진으로 참여했고, '국어 교과서 작품 읽기' 시리즈, '창비청소년시선' 시리즈 기획에 참여했다.

김이구 金二求

1958~2017. 편집자, 문학평론가, 소설가. 대학과 대학원에서 국문학을 공부했다. 1984년 출판사 창작과비평(현 창비)에 입사해 편집국장과 상무이사 등을 지냈으며, 창비교육 기획위원으로 활동했다. 1988년 무크지 『문학의 시대』 4집에 단편소설을 발표하고 1993년 『경향신문』 신춘문예에 평론이 당선되면서 문인으로도 활발히 활동해 나갔다. 2007년 한국출판인회의로부터 '올해의 출판인'(편집 부문)으로 선정됐으며, 2015년에는 제4회 이재철아동문학평론상을 받았다. 계간 『창비어린이』 편집위원, 한국작가회의 이사, 한국문화예술위원회 문학소위원회 위원, 한국아동청소년문학학회 부회장으로도 활동했다. 소설집 『사랑으로 만든 집』, 『첫날밤의 고백』, 평론집 『어린이문학을 보는 시각』, 『우리 소설의 세상 읽기』, 『해묵은 동시를 던져 버리자』, 『동심이 발견한 세상』, 교양서 『편집자의 시간』, 동화 『궁금한 건 못 참아』 등을 냈으며, 『한낙원 과학소설 선집』, 『권태응 전집』(공편) 등을 엮었다.

김이구 위원은 출판사 창비에서 서른 해 넘는 시간 동안 수많은 책을 기획하고 편집한 편집자로 일했다. 그러면서 어린이문학 평론에 활발하게 참여했으며, 2003년 어린이문학 전문 비평지인 계간 『창비어린이』를 창간해 편집위원으로 활동했다. 2007년 9월에는 창비에 교과서출판부를 신설해 2007 개정 교육과정에 따른 중학교 국어와 고등학교 국어 및 문학 교과서를 개발하였으며, 교육 출판 영역을 더 확대하고 발전시킬 기반을 닦았다.

아울러 김 위원은 2014년부터 국어 교사 박종호, 국어 교사 출신의 문학평론가인 오연경과 함께 기획위원회를 꾸려 청소년시 전문 시리즈인 '창비청소년시선'의 밑그림을 그렸다. 그 결과 2015년 5월 창비청소년시선의 출발을 알리는 『의자를 신고 달리는』과 『처음엔 삐딱하게』를 펴냈으며, 그 뒤로도 창비교육 기획위원으로서 창비청소년시선 출간과 안착에 크게 기여했다.

김 위원이 2017년 10월에 작고해 이제는 세상에서 직접 만나기 어렵게 되었다. 하지만 늘 조곤조곤 들려주던 이야기와 말없이 건네는 눈길이 그리운 날이면 위원을 불러 마치 마주 앉아 있기라도 한 듯 이야기를 나누고는 했다. 이번에는 창비청소년시선의 시작을 돌아보는 기회를 맞이해 김 위원의 자취가 스민 서울시 마포구 서교동과 동교동, 그리고 카페 창비 구석 구석을 찾아 몇 차례 가상 대화를 나누었다. 김 위원이 남긴 글과 함께 생전에 나눈 대화, 주고받은 메일, 회의 기록, 증언 등을 두루 참고했지만, 여기 소개하는 모든 대화 내용과 표현에 혹 오류나 실수가 있다면 책임은 필자에게 있음을 밝힌다.

청소년시선 기획의 시작점이 된 교과서 개발

박종호

김이구 기획위원님, 반갑습니다. 호칭을 어떻게 해야 하나 고민했는데, 평론가님, 기획위원님, 선배님 중에서 기획위원님으로 하겠습니다. 오늘 이 자리는 위원님하고 저, 오연경 선생이 함께 기획한 창비청소년시선이 50번째 시집을 낸 것을 기념해 '창비청소년시선의 시작'에 관한 이야기를 나누기 위해 마련됐습니다. 2015년에 창비청소년시선 1, 2권이 나오고 꼭 십 년 만이군요.

김이구

반갑습니다. 창비청소년시선 50번째 시집 출간을 축하드리고, 그동안 참여해 주신 여러 시인, 편집자, 기획위원, 그리고 청소년 독자, 전국의 선생님들께 감사드립니다. 그리고 창비청소년시선을 시작하기도 전부터지요, 창비에서 처음 교과서 사업을 할 때부터 함께 의논하고 길을 찾아 온 박종호 선생님과 이야기를 나누게 되니 더 반갑고 좋습니다.

박종호

저와 위원님은 오래전부터 이오덕 선생님을 고리로 맺은 관계가 있었으나, 직접적인 인연은 위원님이 교과서 사업을 준비하며 여러 학교 선생님을 만날 때 생겼지요. 2007년 무렵 창비가 국어 교과서 사업에 뛰어들면서 위원님이 교과서출판부를 시작하고 책임을 맡으셨지요? 중학교 국어,

고등학교 국어와 문학 교과서를 개발하셨고요. 그때 경험이 창비청소년시선 기획에도 영향을 꽤 끼쳤을 듯한데, 그 이야기 좀 들려주시면 좋겠습니다.

김이구

네, 2000년대 들어 민주 정부가 자리를 잡으면서 창비는 이른바 '제도권' 출판을 고민하게 되었고, 교과서 검인정 제도 확대는 교과서 개발을 추진하는 계기가 되었어요. 2003년 즈음에 당시 참여정부 교육 정책 담당자들이 '교육 혁신 위원회'의 교육 개혁 방안 가운데 일부인 교과서 발행제 개선과 관련해서 대형 교과서·참고서 출판사 외에 능력 있는 단행본 출판사들에게도 교과서 편찬 사업 참여를 권유했습니다. 이를 계기로 창비 안에서 교과서 사업에 관해 검토하다가 '해 볼 만하다.'는 결론을 내리고 준비하게 되었지요. 저는 국어과 교과서가 국정 교과서에서 검정 교과서로 전환되었던 2007 개정 교육 과정하고 2009 개정 교육 과정에 따른 교과서 개발 책임을 맡았습니다.

박종호

창비에서 2007년 겨울, 문학 교과서 개발에 참여해 달라는 요청을 받고 위원님을 뵈었던 기억이 납니다. 중학교 국어, 고등학교 국어 집필진을 구성하신 뒤였는데, 고등학교 문학 교과서는 전국 국어 교사 모임 출신의 현장 교사들로 꾸려 보자고 의기투합했죠. 당시 밤샘을 밥 먹듯이 하면서 교과서를 개발했고, 결과가 좋아서 더 보람 있었습니다. 그때

위원님, 편집자들 고생 정말 많이 하셨어요.

김이구

교과서가 어떻게 만들어지는지 속속들이 겪고 배우는 시간이었습니다. 이때 한편으로 든 생각이, 검정제로 바뀌었으니 모든 학생이 같은 국어 교과서로 배우던 시대는 끝났는데, 그렇다고 학생들이 오랫동안 가슴에 남을 문학 작품을 만나는 행운을 누릴 수 있을까 하는 것이었습니다. 여러 고민이 들더군요. 교육 과정의 성취 기준을 충족하려다 보면 정작 학생들한테 읽히고 싶은 글을 별로 싣지 못하게 되더라고요. 학생들한테 꼭 읽혀야 할 글을 먼저 고른 다음 그 글들을 토대로 교육 과정을 짜는 방식은 시도할 수 없을까, 이런 생각도 해 보았어요.

박종호

저도 고등학교에서만 문학과 국어를 삼십여 년 가르치면서 같은 고민을 했습니다. 수능 시험에 맞게 문학 작품을 낱낱이 분석해서 학생들한테 떠먹이는 노릇을 부지런히 해 왔지만요. 반성이 되지요. 그러다가 어느 날 위원님이 제게 청소년문학 잡지 발간을 제안하기도 하셨죠.

김이구

두 번에 걸쳐 교과서를 개발하고 나니 교과서 사업의 연장선에서 청소년에게 더 다가갈 출판 콘텐츠와 방식 등을 고민하게 되었습니다. 그러다가 청소년문학 잡지 발간, 청소

년시집 시리즈 발간으로 생각이 옮겨 간 거예요. 청소년문학 잡지는 박 선생님이 전국 국어 교사 모임에서 이미 시작하신 경험도 있고, 청소년 문화 연대 '킥킥'을 만들어 동명의 웹진을 발간하는 등 잘하고 계셔서 좋은 기회라고 여겼지요.

박종호

제가 위원님하고 주고받은 메일을 다시 보니 2012년 5월부터 8월까지 청소년문학 잡지 발간 논의를 집중적으로 했더라고요. 계간 『청소년문학』은 2006년부터 전국 국어 교사 모임 주도로 출판사 나라말에서 발간했는데, 2011년 가을호(통권 24호)까지 내다가 휴간했지요. 청소년시, 청소년소설, 청소년들이 직접 쓴 다양한 갈래의 문학 작품, 비평글까지 실었습니다. 출판사 폐업 이후 제가 위원님께 교과서 사업과 공익 사업 연계 방안으로 창비에서 이어서 내면 어떨지 논의를 요청드렸지요.

김이구

저도 박상률 작가한테서 창비가 『청소년문학』 발간을 이어 가면 좋겠고, 거기에 필요한 일은 협력하겠다는 말씀을 들었어요. 그런데 여러 난관에 부딪혀서 최종적으론 발간이 어렵다는 결정을 내리게 되었습니다. 아쉽게 생각해요.

박종호

창비에서 논의를 이어 가 주신 것만으로도 감사한 마음이었어요. 중간에서 위원님이 애 많이 써 주셔서 더더욱요. 그 뒤에 청소년시선 시리즈 개발 논의가 속도를 내게 되었죠.

'청소년시'라는 갈래와 '창비청소년시선'의 시작

박종호

청소년시선 기획 이야기로 넘어가기 전에 가벼운 질문 하나 드리려 합니다. 어린이문학 작가들, 동시인들, 평론가들이 청소년시가 왜 필요하냐고 꽤 오래, 끈질기게 의문을 던집니다. 저로서는 이해가 잘 안되는 대목인데, 위원님 생각은 어떠신가요?

김이구

아마 『동시마중』에서 2013년 7월쯤 마련한 자리에서 나온 이야기를 말씀하시는 듯한데…… 그 당시 제 생각은 이랬어요. '청소년문학, 하면 거의 청소년소설로만 받아들이는 상황인데 청소년시도 필요하다.', '아이들이 초등학생, 중학생, 고등학생, 이렇게 제도적으로 분화되어 있고, 이런 분화는 성장하는 과정이자 조건을 나타내기도 한다.', '이런 제도나 조건에 대응해 출판물이 나오기도 한다.' 우리가 만난 첫 청소년시집이라고 할 수 있는 박성우 시인의 『난 빨강』(창비, 2010)이 출간돼 독자로부터 큰 호응을 받았고 그 뒤로 청소년시집이 여러 권 나왔는데, 이런 흐름은 당시 출판 시장 분위기나 사회적 여건에서 자연스러운 것이라고 봤습니다. 누군가 청소년시는 필요 없다고 주장한다고 해서 청소년시 창작이나 출판이 제지될 상황은 아니었지요. 물론 청소년시라는 새로 등장한 갈래를 성립하게 할 조건에 대한 깊은 논의나 실제 작품들의 성취를 따지는 평론은 당연히 뒤따라야 하지만, 당시로서는 청소년시가 더 활발하게 창작되고 발표되면 좋겠다고 생각했고, 『동시마중』이 마련한 자리에서도 그렇게 말한 기억이 납니다.

박종호

네, 어린이 시기처럼 청소년기에 대해서도 발달 단계에 맞게 문학이 대응할 필요가 있다는 의견에 동의합니다. '청소년시가 왜 필요한가'라는 문제 제기를 제가 의아하게 여긴 까닭은, 어린이문학을 연구하거나 평론하는 분들이 동화나 동시, 청소년소설을 놓고는 그런 의문을 품지 않았거나 혹은 관련 논의 속에서 자연스레 정리를 해 왔으면서 유독 청소년시에 대해선 은근히 선을 그어 놓고 문제 제기를 하는 게 아닌가 해서였어요. 시대가 바뀌고 출판 시장도 그에 맞춰 변하고 있는데, 자연스럽게 형성된 흐름을 막을 수 없다는 게 제 생각이에요. 어쩌면 창비청소년시선 50번째 출간이 그런 생각을 입증해 준 것일지도 모르겠습니다.

위원님이 2014년 5월 2일에 작성하신 창비청소년시선 출판 기획안을 보면 시리즈 기획 의도와 과정, 내용 구성에 대한 이야기가 나옵니다. 이 기획안은 지금 읽어도 가슴이 뜨거워지는데, 어떻게 쓰시게 됐는지 듣고 싶어요.

김이구

제가 앞서 드린 말씀이며 그때까지 해 온 논의들과 생각을 모아서 적었지요. '청소년소설은 어느 정도 자리를 잡았으니 청소년시를 발굴해서 정선해 내는 시리즈를 출범시켜 차별화하자.', '교과서 출판으로 교육 현장과 긴밀해진 창비의 위상에 발맞추어 교육 현장의 요구와 시장의 수요에 부응하고 청소년시의 발전을 이끌어 보면 좋겠다.' 이런 생각을 담았습니다. 출판사 안에서도 처음에는 '어, 뭐지?' 하는 반응이었다가, 박 선생님을 비롯한 교과서 집필자분들이 적극적으로 호응하시면서 분위기가 나아졌지요.

박종호

출판사 안에서도 의구심이 나타났던 기억이 납니다. 창비

청소년시선의 내용 구성에 대해서도 말씀해 주시지요.

김이구

'박성우 시인의 『난 빨강』과 같이 전문 시인이 쓴 청소년시를 중심적으로 발굴해 간행한다.', 아울러 '청소년에게 권하고 싶은 좋은 시, 청소년의 삶과 정서를 청소년 스스로 형상화한 시를 포함한다.', '청소년시와 동시를 쓰고 있는 인정받는 시인, 교과서에 작품이 수록된 시인, 교사 시인이면서 창작 역량이 뛰어난 시인 등에게 우선 청탁한다.', '작품을 정선해 권당 쉰 편 안팎으로 부담되지 않게 싣는다.', 또 '창비청소년시선 기획위원회를 구성해 청소년시집 필자 선정, 청소년에게 권하는 국내외 시 편서 기획, 청소년이 쓴 시 편서 기획, 원고 검토 등을 담당하게 한다.', 이런 내용을 담았어요. 박 선생님, 오연경 평론가, 저, 이렇게 셋이 기획위원회를 구성하고, 편집부 서영희 차장이 실무자로 참여해 논의를 빠르게 이어 갔지요.

박종호

그때 조금 놀라기도 했어요. 위원님이 일을 차분하게 느릿느릿 하신다고 사람들이 말하는데, 그 기획안을 내놓고 의견을 모으고 그다음 순서로 나아가는 데는 정말 빠르시더군요. 기획 회의 할 때 보면 눈빛도 예사롭지 않으셨어요.

김이구

딱히 그렇지도 않았는데요.(웃음)

누구와 어떤 이름으로 시리즈를 시작할 것인가

박종호

원고를 청탁할 시인 논의를 그해 5월에 시작해서 9월에 마쳤어요. 창비청소년시선을 세상에 처음 알리는 역할을 할 1, 2권은 다양한 시인의 작품을 담은 앤솔러지로 꾸려 보자고 정하고 나서, 청탁할 시인 명단을 확정할 때 고민과 어려움이 많았던 것으로 기억합니다.

김이구

기획위원회에서 앞서 말한 청탁 기준 '청소년시와 동시를 쓰고 있는 인정받는 시인, 교과서에 작품이 수록된 시인, 교사 시인이면서 창작 역량이 뛰어난 시인 등에게 우선 청탁한다.'에 합의한 뒤 다 같이 후보 명단을 내놓고 조정하는 작업을 거쳤지요. 당시 자료를 보니 한 쉰여 명은 거론해 놓고 여러 조건과 상황을 따져 가면서 조정했더라고요.

박종호

당시 자료인「창비청소년시선 1, 2권 신작 시집 청탁 후보」에 이렇게 나옵니다.

(1) 1, 2권 각 열 명씩 시인 스무 명에게 각 다섯 편씩 신작 시를 청탁한다.
(2) 청소년이 읽을 청소년시, 즉 청소년의 삶이 담긴 시, 청소년에게 주고 싶은 시, 청소년이 정서적으로 공감할 만한 시를 청탁한다.

(3) 교사 시인 비중을 높여 청탁한다. (교사 시인만 따로 한 권으로 구성하지 않음.)

교사 시인 비중을 높이자는 건 제가 고집을 좀 부렸던 내용이지요. 우선은 청소년들하고 같이 지내면서 청소년의 문화와 언어에 익숙한 시인들이 창비청소년시선의 시작에 함께하면 좋겠다고 생각했고, 이는 창비 교과서가 중고등학교 현장에 다가서는 데에도 필요한 일이라 생각했어요.

김이구

1, 2권에 교사로 일하는 분이 열네 명 참여하긴 했지만, 그분들 중 전부터 시인 또는 동시인으로 활발하게 활동해 온 분들도 포함된 터라 꼭 교사 시인이 많았다고 보기는 어려워요. 그래도 교육 현장에서 청소년들하고 같이 지내는 시인들이 많이 들어간 건 좋나고 보아서 찬성했지요. 오연경 평론가가 난도는 있지만 새로운 언어 감각으로 새로운 시적 흐름을 보여 줄 젊은 시인들을 추천했는데, 그분들은 이후 작업에서 수용하는 쪽으로 가닥을 잡기도 했어요. 그래서 최종으로 청탁한 시인 스무 명은 처음과 조금 달라졌지요. 다시 새겨 보면 강성은, 김규중, 김남극, 김성장, 나희덕, 남호섭, 박성우, 박일환, 박준, 복효근, 배수연, 손택수, 오은, 이삼남, 이응인, 이정록, 이혜미, 조향미, 최은숙, 하재일, 이분들이었습니다.

박종호

참여 시인 선정을 마치고 청탁을 하자마자 원고가 들어왔는데, 그러고는 책 제목을 정하느라 고심한 시간이 꽤 길었지요? 위원님이 제목에 대해서 관심을 꽤 기울이셨던 것으로 기억합니다. 제목 정할 때 편집부 안에서 진통이 컸다고 들었어요.

김이구

출판사에서 제목 정하는 일이 원래 그래요.(웃음) 제가 수록될 시의 제목이나 구절에서 뽑아 먼저 제안하고 기획위원회와 편집부, 영업부, 현장 선생님들 의견을 듣는 순서로 진행했지요. 처음 뽑은 후보는 1권에서 '가만히, 봄', '돌멩이', '웅크림', '마음과 마음도 붙일 수 있나요?', '번데기의 5교시', 그리고 2권에선 '만약의 세계 지도', '콩밭학교', '삐딱함에 대하여'였어요. 물론 최종 제목은 전혀 다른 것으로 정해집니다.

박종호

최종 제목이 1권은 '의자를 신고 달리는', 2권은 '처음엔 삐딱하게'로 정해졌지요. 1권 제목은 '마음과 마음도 붙일 수 있나요?'랑 끝까지 경합을 벌였던 기억이 납니다. 저는 사실 2권 제목을 1권 제목으로 보냈으면 했어요. 좀 세게 나가면 좋겠다는 생각이었는데, 문학적인 부분을 중시하는 위원님하고 오연경 평론가 의견에 그만 접었지요. 시집 편집이나 디자인에 대해서도 할 말이 많으셨던 걸로 압니다.

김이구

단발성으로 내는 시집이 아니고 시리즈인 만큼 본문 배치 방식이나 서체 크기에 대해서도 의견을 많이 냈어요. 독서에 부담이 안 갔으면 했지요. 속표지나 시작 메모의 디자인도 시리즈니까 간결한 게 좋다고 잔소리를 좀 했어요.

청소년시가 서야 할 자리

박종호

1권과 2권에 똑같이 들어간 「엮은이의 말」을 위원님께서 쓰셨어요. 지금 읽어도 우리 청소년시, 청소년문학 역사에서 기록에 남을 글인 듯합니다.

김이구

이런 자리에서 우리끼리 막 칭찬하는 건 안 좋아요.(웃음) 「엮은이의 말」에 창비청소년시선을 처음 기획하면서부터 가졌던 생각들, 기획위원회에서 같이 의논했던 사안들, 그리고 1, 2권 수록작으로 들어온 시들을 읽으면서 받은 느낌들, 이런 것들을 한데 담아 내 보려고 했습니다. 그런데 작품들을 읽은 때부터 시간이 꽤 지난 뒤에야 마감 맞춰 쓰느라 애먹었어요.

『의자를 신고 달리는』, 『처음엔 삐딱하게』에 실린 「엮은이의 말」 전문

'창비청소년시선'을 시작하며

청소년들은 주로 어떤 시를 읽을까? 대부분의 청소년들은 교과서와 참고서에 나오는 시를 읽을 것이다. 교과서와 참고서에는 물론 엄선된 좋은 시가 실리지만, 과연 얼마나 설레는 마음으로 읽고 가슴에 다가오는 감동과 재미를 얻을 것인가?

교과서와 참고서 밖으로 눈을 돌리면 어떤 시가 있나? 일찍이 『얄개전』, 『쌍무지개 뜨는 언덕』 같은 청소년소설이 인기를 끌었고, 지금도 '청소년문학' 하면 『완득이』 같은 소설이 먼저 떠오를 뿐 청소년시의 자리는 휑하기만 하다. 어린이와 어른 사이의 점이 지대에서 질풍노도의 시절을 보내는 청소년기에 걸맞은 문학으로 청소년소설이 있어야 한다면, 마찬가지로 청소년시가 있어야 하지 않을까? 박성우의 『난 빨강』을 비롯해서 청소년의 일상 경험과 정서를 다루며 청소년의 감수성에 호소하는 몇몇 시집이 청소년시의 가능성을 열어 놓았지만 아직 청소년시의 자리는 제대로 마련되지 못했다.

이에 '창비청소년시선'은 청소년과 시, 시와 청소년이 만나는 청소년시의 자리를 본격적으로 마련해 보고자 한다. 청소년이 공감하며 다가갈 수 있는 시, 청소년에게 마음을 열어 다가가는 시, 무엇보다도 청소년이 껴안고 뒹굴며 함께 놀고 친구가 될 수 있는 시가 주렁주렁 열리는 나무를 한 그루 한 그루 심으려 한다. 열세 살 시기에는 열세 살의 풋풋한 숨결과 노래가 있고 열일곱 시기에는 열일곱 살의 고뇌와 신명이 있지 않겠나. 물론 나이에 관계없이 감상할 수 있는 좋은 시가 많지만, 청소년의 자아에 더 스며들어 폭발하는 시

가 있고 그런 시가 쓰일 수 있다.

청소년시는 일차적으로 성장기 청소년의 삶의 갈피에서 길어 올린 생각과 느낌을 청소년의 목소리로 노래하는 시라는 장르적 성격을 갖는다. '창비청소년시선'은 그러한 시를 중심에 놓되 청소년기에 읽어 더 넓은 세계를 경험하고 정신이 고양될 수 있는 시, 청소년에게 말을 걸며 대화하는 시, 청소년의 마음속에서 들려오는 목소리에 귀를 기울이는 시 들을 두루 수용하고자 한다.

'창비청소년시선'의 첫 두 권은 각기 열 명의 시인에게 다섯 편씩 신작 시를 청탁해 10인 신작 시집으로 엮었다. 오랫동안 청소년들과 부대끼며 희로애락을 함께해 온, 학교 현장에 있는 시인들을 초대함은 물론 이미 뛰어난 청소년시를 발표해 주목받은 시인, 청소년기를 통과한 지 얼마 지나지 않은 2000년대 이후 등단한 새뜻한 시인들까지 초청하여 다채롭게 구성하였다.

교실에서 만난 학생들의 소소한 소란 같은 청소년의 일상에서부터 시인 자신이 겪었던 잊을 수 없는 청소년기의 경험, 청소년과 나누고 싶은 예리한 생의 감각까지 풍요로운 시의 향연이 펼쳐졌다. 스무 명의 시인이 스무 가지 빛깔의 노래를 들려주는 만큼 이 시집을 여는 청소년들은 시의 성찬을 한껏 누릴 수 있을 것이다. 자기 또래의 일상 경험과 정서가 반영되어 쉽게 읽히는 시도 있지만, 내밀한 세계를 독특한 어법으로 파고든 까닭에 더듬더듬 음미해야만 하는 시도 마주할 것이다. 어느 편이든 청소년과 호흡을 함께 나누려는 그 지점에서는 한 방향을 바라보고 있다.

구두 밑에 의자를 달 궁리를 한다

얌전히
앉아만 있는 의자는
내 취향이 아니니까

의자를 신고 말굽처럼 따가닥따가닥
소리를 내며 달려 보고 싶다

의자는 말하자면
내
키 높이 구두

이 구두를 신으면 공기 맛이 달라지지
산에 오른 것처럼 가슴이 확 트이지

— 손택수, 「의자를 신고 달리는 아이」 부분

그렇다. 얌전히 의자에 앉아만 있지 말자. 의자를 신고, 네 말굽으로 따가닥따가닥, 소리 내며 달리면 공기 맛이 달라지고 가슴이 탁 트인다. 비록 의자를 벗어던지지는 않았지만 옥죄는 현실을 뒤흔들어 새로운 공기로 바꾸어 내는 상상력에선 청소년과 시인이 서로 내통한다.

1권의 제목 '의자를 신고 달리는'은 손택수 시인의 시에서, 2권의 제목 '처음엔 삐딱하게'는 이정록 시인의 시에서 따왔다. 청소년시는 청소년을 향해 내미는 시인들의 손짓이지만, 청소년의 읽을거리로만 국한되지 않는다. 미래와 성장과 출세라는 굳어진 시선 속에 자녀들을 가두고 스스로도 갇혀 있는 어른들에게도 함께 읽고 느껴야 할 수신서(修身書)가 되지 않을까.

박준 시인은 "한 사람의 마음에 가닿았을 때 시는 그 어떤 것보다 큰 힘이 될 수 있다. 또한 시는 슬픔과 고통에 빠진 이들을 기쁘게 하지는 못하지만 그들 곁에 주저앉아 오래도록 함께 울어 줄 수는 있다."('시작 메모')라고 했다. 여기 실린 시 한 편 한 편이 청소년 독자의 마음에 온기로 가닿고, 청소년들 곁에 오래도록 머물며 함께 울어 줄 수 있기를 바란다.

2015년 5월

엮은이 씀

박종호

지금 다시 봐도 좋습니다. 위원님, 이런 건 기록으로 남겼으면 싶어서 말씀드려요. 2권 『처음엔 삐딱하게』 추천사로 들어간 오연경 평론가의 글도 참 좋지요. "'창비청소년시선'은 저 비밀의 정원에서 일어나는 일들에 시의 언어를 입혀, 그들 삶의 고랑과 숨결과 속내를 펼쳐 보인다. 여기에 실린 시들은 '시를 어떻게 읽은 것인가'가 아니라 '시를 왜 읽는가'에 답하면서 청소년들과 오늘을 함께할 것이다."

2015년 5월, 드디어 창비청소년시선 1, 2권이 세상에 나왔습니다. 언론들 반응도 괜찮았고 독자들 반응도 좋았지요. 출간을 기념해서 서울에 사는 시인들과 기획위원들이 모였지요?

김이구

네, 두리반이라는 칼국숫집에 모여서 저녁을 함께했지요. 그 자리에 온 시인들에게 다음에는 개인 청소년시집을 내자고 제안했어요. 전부터 청탁해 놓은 시인도 있었고요.

박종호

맞아요. 위원님이 치밀하셔서 그때 벌써 조재도 시인의 원고가 들어와 있었고, 남호섭, 이정록 시인에게 독촉을 하고 계셨죠. 손택수, 박일환, 배수연 시인에게는 다짐을 받기도 하셨고요. 저는 그 자리에서 처음 뵌 오은 시인과의 만남이 인상적으로 남아 있습니다. 나중에 시리즈의 30번으로 『마음의 일』을 냈고, 지금도 창비청소년시선을 두루 소개해 주시는 분이죠.

창비청소년시선이 이어 갈 길

박종호

오늘 창비청소년시선이 태어나기까지의 이야기를 죽 나누었는데요, 맺는말을 할 시간이 되었네요. 위원님, 십 년 만에 50번째 시집이 나왔는데 앞으로 100번, 200번째 시집도 나올 터, 이 일을 이어 갈 분들에게 충고 또는 격려의 말씀을 해 주신다면 듣고 마무리하고자 합니다.

김이구

처음 시작해서 십 년, 그동안 50번째 시집을 냈다는 것만으로 대단한 성취라고 봅니다. 지금까지 여러 사람이 꾸려 오신 것처럼 앞으로도 쭈욱 해 나가시면 되겠어요. 그래도 말씀을 조금 얹어 보자면, 제가 동시에 대해서도 발언해 왔던 바지만, '해묵은' 청소년시를 늘 경계하고 벗어나자, 청소년시에서도 상투성이 생길 텐데 거기에 사로잡힌 문법을 과감히 벗어던지고 청소년들의 펄떡이는 감수성에 가닿을 시들을 끊임없이 찾아 보여 주자, 이런 이야기를 하고 싶습니다. 그러려면 어느 누구 하나만이 아니라 청소년시를 쓰는 시인들, 기획하는 분들, 편집자들이 다 함께 힘을 모아야 하고, 계속 그래 주시기를 바랍니다. 청소년들에게 '아, 재미있다.', '신난다.', '정말 내 마음 같다.' 이런 생각이 저절로 들게 하는 청소년시를 보여 줘야 하지 않겠어요? 고정된 틀에 머물지 않고 새로운 길을 보여 주려는 다양한 노력이 더 많아져야겠지요. 그런 까닭에 지난 십 년간 아직도 기지개를 켜고 있는 듯 '뜸한' 청소년시 평론도 더 활발해지면 좋겠다는 바람도 말씀드립니다. 청소년시에 관한 담론이 활성화돼서 창작이나 출판을 추동하고 뒷받침해야겠어요.

박종호

귀한 말씀 감사하고, 깊이 공감하는 바입니다. 저도 한두 마디 보태며 마무리하겠습니다. '낯선' 청소년시를 기꺼이 써 준 시인들께 고맙다는 마음을 먼저 전하고 싶습니다. 청소년시집을 만들고 알리고자 편집, 디자인, 제작, 인쇄, 영업에 땀 흘리며 함께한 창비교육 안팎의 노동자들도 고맙습니다. 시리즈를 시작한 뜻을 늘 새기고, 시인들을 기다려 주고 환대하며, 독자인 청소년을 늘 품고 섬기는 창비청소년시선이 되면 좋겠어요. 이미 그렇고, 앞으로도 그럴 거라 응원합니다. 고맙습니다.

시, 찌꺼기로서의 예술 강수환
생명에 대한 언어의 집을 다시 세우는 청소년시 김지은
돌봄으로 연결된 삶 속에서 청소년 바라보기 오연경

평론

디지털 시대에
종이책으로
시를 읽는다는 것

시,
찌꺼기로서의
예술

강수환

아동청소년문학 평론가.
「콤플렉스는 나의 힘」으로
2017년 창비어린이
신인문학상을 수상하며 평론
활동을 시작했다. 평론집
『다르게 보는 용기』를 썼다.

어떤 경우에도 함부로
절망하지 않는, 어떻게든
희망을 발견하기 위해 애쓰는
아동청소년문학의 태도에서 늘
많이 배우며 읽고 쓰고 있다.

평론

> 그대가 가장 사랑하는 것은 남을 것이며,
> 나머지는 찌꺼기다
>
> — 에즈라 파운드, 「칸토 81」 부분

1

아주 오랜 시간, 시는 노래였다. '서정시(멜로스, Melos)'라는 명칭으로부터 '선율, 가락, 멜로디, 노래'가 생겨났다는 것만 보아도 알 수 있다.[1] 또한 시는 여전히 박자, 운율, 리듬과 같은 노래의 흔적을 간직하고 있는 독특한 문학 양식이기도 하다. 그렇다면 시는 왜 노래여야 했을까. 한 저명한 철학자에 따르면, 그래야 암송하기 쉽기 때문이란다. 노래는 힘이 세다. 청소년기 교과서에서 글로 읽은 이름들은 기억이 가물가물해도 「한국을 빛낸 100명의 위인들」의 이름만큼은 몇 번만 흥얼거리면 자동으로 떠오르는 이유도 여기에 있다. 시가 노래로 불릴 때 사람들은 더 쉽게 기억할 수 있고 시는 그만큼 더 널리 더 오래 퍼져 나가게 된다. 저마다의 기도를 담은 시가 오래도록 멀리멀리 울려 퍼진다면 사람들은 끝내 그 목소리가 "신들의 귀에 더 가까이 다가간다고 믿었"[2]다고 한다.

그런 의미에서 시를 노래처럼 지어 부른 것은 "인간은 쉽게 망각하고 신들은 소리를 잘 듣지 못하"[3]는 한계를 극복하기 위해 고안된 테크닉인 셈이다. 하지만 매체사의 관점에서 시와 노래 사이의 필연적 관계는 축음기처럼 소리를 저장할 수 있는 매체가 발명되는 것을 계기로 차츰 해체된다. 레코드는 인간의 기억보다 더

---

[1] 프리드리히 키틀러, 『음악과 수학』, 박언영 옮김, 매미, 2019, 229면.

[2] 프리드리히 니체, 『즐거운 학문 메시나에서의 전원시 유고(1881년 봄~1882년 여름)』, 안성찬·홍사현 옮김, 책세상, 2005, 150면.

[3] 프리드리히 키틀러, 『축음기, 영화, 타자기』, 유현주·김남시 옮김, 문학과지성사, 2019, 151면.

정확하고 일정한 형태로 소리를 저장할 수 있었으며 심지어는 전파 속도나 범위도 인간을 훨씬 앞섰다. 이때부터 시는 더 이상 노래로 지어질 필요가 없었다. 인간이 지닌 기억력과 확산성의 한계를 극복할 수 있는, 더 좋은 성능의 소리 저장 기술이 등장했기 때문이다. 이제 시선을 현재로 돌려 한번 생각해 보자. 시는 아직도 노래인가? 오늘날 우리는 평소 얼마나 많은 (교과서 바깥의) 시를 암송하고 노래하는가?

여전히 시를 사랑하는 사람들의 수는 적지 않지만 우리 대부분은 시의 모든 구절을 굳이 머릿속에 담아 두지 않는다. 그런 종류의 세세한 기억은 시집, 메모장, 스마트폰이 대신하고 있으니까. 하지만 외우고 있는 시가 적다고 해서 당연히 시를 사랑하는 마음까지 거짓일 리는 없다. 정확히는, 매체 환경과 기술 조건의 변화로 시를 즐기는 방식이 달라졌을 뿐이다. 우리 대부분은 시구를 더는 머릿속에 남기지 않는다. 게다가 가끔 어떤 시는 도통 무슨 의미인지 알 수 없는데도 머리(이해)가 아닌 가슴(감성)을 움직이곤 한다. 어떻게 읽어도 이해할 수 없는 활자들을 향해 우리는 '좋다'라고 말할 수 있는 걸까.

결국 오늘날 시는 우리의 기억이 아니라 종이를 비롯한 외부 저장 매체에 남으며 우리가 간직하는 것은 그 시를 둘러싼 '느낌'이다. 그렇다면 "그대가 가장 사랑하는 것은 남을 것이며, 나머지는 찌꺼기다"라는 에즈라 파운드의 시구를 빌려 이렇게 말해 봐도 괜찮을까. 우리가 사랑한 것은 시로부터 얻은 느낌이며, 활자로 적힌 시어들은 찌꺼기에 불과할지도 모른다고.

2

찌꺼기로서의 언어. 나는 지금 시의 언어, 또는 종이 매체를 모욕하기 위해 이러한 말을 하는 것이 아니다. 심지어 기억술에 탁월하다는 노래의 사정 역시 순탄치만은 않다.

> 비틀스가 처음 미국을 휩쓸었던 1964년(중략)에 많은 나이 든 청취자들은 가사를 전혀 알아들을 수 없다며 불평했습니다.
> 그러나 그들의 노래가 담아내는 <u>느낌</u>은 분명했습니다. 수백만의 사람들에게 분명하게 다가갔죠.
> 로큰롤 가사는 잘못 듣는 경우가 매우 흔해서 히트곡에 엉터리 가사 자막을 단 유튜브 영상이 그 자체로 하나의 장르를 이룰 정도입니다.[4]

비틀스조차 우리 모두의 기억에 정확한 가사를 남기는 데는 실패했다. 하지만 이는 비틀스의 명성에 조금도 문제가 되지 못했다. 그보다 중요한 것은 듣는 이들을 사로잡는 노래의 '느낌'이었고 그들은 이 측면에서 세계적 성공을 거두었기 때문이다.

아무래도 느낌이라는 것은 지나치게 추상적이다. 그래서 필요한 보조자가 바로 가사다. 상징적 기호인 가사(문자)는 이 추상적인 '멜로스'에 (사랑, 이별, 기쁨, 슬픔 등등의) 실체를 부여하고 의미의 갈래를 한곳으로 이끄는 지시등의 역할을 한다. 물론 이것은 듣는 이가 망망대해를 헤매지 않도록 감상의 방향을 유도하기 위해 임시로 띄운 부표일 뿐 정확한 지도는 아니다. 심지어 어떤 이들은, 엉터리 가사 자막을 단 유튜브 영상의 예처럼, 그 부표조

4 데이먼 크루코프스키, 『다른 방식으로 듣기』, 정은주 옮김, 마티, 2023, 55면. 강조는 원문.

차 멋대로 오해한다. 그러나 부표를 잘못 읽는다고 한들 비틀스의 음악이 선사하는 느낌에 공감하고 곡을 사랑하는 데는 아무 무리가 없다. 이 경우 비틀스의 가사는 '찌꺼기'다.

　　심지어 어떤 대중가요 가사는 읽어도 이해가 어렵다. 최근 나는 에스파의 「Supernova」를 거의 두 달째 매일 듣고 있지만 초신성supernova에 관한 천체 물리학적 지식이 부족한 나로서는 고백하자면 이 가사가 무슨 내용인지 여전히 잘 파악되지 않는다. 하나 이것이 음악을 즐기는 데 방해 요소인가 하면 전혀 그렇지 않다. 그러거나 말거나 "우린 어디서 왔나, 오, 에이"[5]라는 존재론적 물음을 (무슨 소린지도 모른 채) 속으로 따라 부를 때면 언제고 가슴이 띈다. 가사가 잘 들리지조차 않는, 심지어 읽어도 무슨 말인지 잘 모르겠는 노래를 따라 부르며 이것이 나의 정서를 대변한다거나 고양한다는 느낌을 얻는 경험을 하는 것이다.

　　사실 내가 청소년기에 사랑했던 많은 시도 그러했다. 시가 무슨 말을 전하고 싶은지 당시 나의 언어로는 도통 설명할 수 없었지만 그럼에도 유독 몇몇 구절 앞에 오래도록 머물던 그때의 마음은 지금까지 기억에 남는다. 이를테면 사랑을 잃어 본 적도 뭘 써본 적도 없으면서 "사랑을 잃고 나는 쓰네"[6]라는 구절을 읽고 난 이후, 부끄럽지만 나는 고등학생 시절 많은 시간을 남모르게 사랑을 잃고 무엇인가를 쓰는 마음으로 지냈다. 시구의 내용은 비록 내게 없는 경험이었으나 그 문장에서 느낀 정서적인 동요와 충격은 진짜였고 그것만큼은 나의 진짜 경험이었으니까. 시가 전하는 '느낌'과 공명한 순간 이 문장은 그저 시인의 개인적 고백만이 아닌 그것을 느낀 우리 모두의 것이 된다.

　　그렇다면 이제 우리는 이것을 인정하는 한에서 논의를 나누

5　aespa, 「Supernova」, 『Armageddon』, SM엔터테인먼트, 2024.

6　기형도, 「빈집」, 『기형도 전집』, 문학과지성사, 1999, 89면.

어야겠다. 시어든 가사든 언어는 찌꺼기다. 남는 것은 느낌, 다시 말해서 시와 노래가 우리에게 와닿을 때 발생한 정서적인 물결뿐이다.

3

"찌꺼기dross"는 걸러 내야 할 불순물을 의미할 테지만 그렇다고 하여 찌꺼기로서의 언어가 불필요하다는 결론으로 이어져서는 곤란하다. 아니, 오히려 반대이다. 떠올려 보자. 좋은 커피를 내릴 때 우리에게는 추출된 커피보다 으레 더 많은 양의 커피 찌꺼기가 남는다. 가공된 인스턴트커피가 아닌 이상에야 우리는 찌꺼기 없이 원하는 핵심만을 얻을 수 없다. 마찬가지다. 찌꺼기로서의 언어들이 풍부할 때, 우리에게 남는 느낌은 더 깊고 진해진다.

이야기를 조금 더 자세히 이어가 보자. 시는 대체로 눈에 보이는 것을 그대로 옮겨 적는 데 큰 관심을 두지 않는다. 그보다는 언어화되지 못한 추상적이고 유동하는 심상을 언어로 형상화하는 편에 더 가까운 양식이다. 물론 현실을 있는 그대로 그리려는 시도 있는데, 이 역시도 우리가 그간 인지하지 못해 왔거나 더 나아가 보고 있으면서도 차마 알려 하지 않는 세계의 단면을 언어화하여 비춘다는 점에서 크게 다르지는 않다. 이것은 마치 정신 분석가들이 무의식을 분석하는 작업과도 비슷하다. 무의식에 감춰져 — '무'(없음) 상태의 '의식'이라는 역설적인 이름처럼 — 증상은 있으나 의식의 상태로는 그 실체를 표현할 수 없는, 보이는 것 너머의 마음을 분석·진단하여 언어화하는 것이 이들의 일이기 때문이다.

이때 시인과 정신 분석가가 공통으로 주목하는 것은 찌꺼기다. 정신 분석가는 환자가 말하는 말을 곧이곧대로 믿지 않는다. 언어는 얼마든지 거짓으로 꾸며 내거나 감추고 왜곡하는 것이 가능하다. 중요한 것은 비언어적인 발화다. 가정해 보자. 환자가 어떤 주제에 관해 말할 때마다 무의식적으로 말을 더듬는다든지, 농담으로 화제를 돌리려 한다든지, 땀을 흘리거나 불안해한다면? 이것은 의식적인 언어가 아니며, 오히려 언어의 측면에서 보자면 소음이자 찌꺼기에 가까운 행위들이다. 하지만 우리는 증상의 원인이 이 주제 근처에 있음을 직감적으로 알 수 있다. 진실은 오직 이 찌꺼기들 사이를 헤칠 때만 도달할 수 있다. 시도 마찬가지다. 눈에 보이는, 우리가 익숙히 알고 있는 편안한 세계가 아닌 그 이면의 진실에 가닿기 위해, 시인들은 소음과 무질서로 가득한 찌꺼기들 사이에서 몇몇을 골라내 언어와 형식을 부여해 온 셈이다.

그러므로 찌꺼기는 시의 핵심이며, 어떤 의미에서 시를 읽는다는 것은 커피 한 잔을 내리는 일과 비슷하다. 한쪽은 각자의 스타일로 시어들을 갈아 한 편의 시를 지어 시집에 담아 전하고, 다른 한쪽은 그 위로 뜨거운 물을 붓고는 부풀어 오르는 언어들로부터 자신만의 사랑하는 맛과 향기를 찾는다. 얼마나 아름다운 시간인가. 그러나 불행히도 오늘날의 상당수 청소년에게는 이러한 여유가 부족하다. 우선, 보고 듣고 읽어야 할 것은 넘쳐 나는데 주어진 시간은 너무도 한정적이다. 알다시피 찌꺼기들을 거르고 그 안에서 자신만의 고유한 의미를 발견하는 일로부터 재미를 얻기까지는 적잖은 연습과 시간이 필요하다. 하지만 잠조차 충분히 잘 시간이 없는 것이 많은 청소년의 현실이다.

그러한 이유를 들어 우리 시대의 많은 문화들은 찌꺼기 없이 빠르게 추출된 내용물의 형태로 소비된다. 글이 아닌 이미지로, 쇼츠라는 형태로, 절취되거나 요약된 형태로, 그마저도 정속이 아닌 배속으로. 하지만 이런 생각도 든다. 과연 이 세태의 원인이 단지 부족한 시간에만 있을까. 충분한 시간과 여유만 주어진다면 시를 읽고 쓰는 사람들의 수가 불어나게 될까. 안타깝게도 좀처럼 잘 상상되지 않는 미래다. 이것은 우리가 놓인 기술적·매체적 환경의 변화라는 문제와도 긴밀하게 얽혀 있다. 기술적 관점에서 본다면, 아날로그에서 디지털로의 전환이란 그 자체가 찌꺼기들을 제거하고 수적numeric 체계로 단일화하는 변환 과정인 까닭에서다.

4

숫자에는 찌꺼기가 끼어들 틈이 없다. 디지털화를 거친 문자, 사진, 소리, 동영상은 컴퓨터가 계산 처리할 수 있는 정보가 된다. 그래서 과거처럼 음악에 녹음실 주변 소음이 함께 담기거나 박자가 어긋나는 등의 실수는 찾아보기 힘들다. 컴퓨터가 이 모든 문제를 바로잡을 수 있기 때문이다. 만약 당신이 듣는 음악에서 소음이나 불균형이 발견된다면 이것은 실수이기보다는 창작자의 의도에 더 가까울 것이다. 오늘날 사진에서 잡티를 없애거나 해상도를 조절하는 것은 물론이거니와 마음에 들지 않는 대상을 이미지에서 들어내기란 일조차 아니다. 앱에서 버튼 하나만 누르면 누구나 손쉽게 이미지를 수정, 더 정확히는 이미지 데이터의 수열을 계산 처리하고 재배열하는 작업을 할 수 있기 때문이다.

자동 보정이 가능하다는 건 데이터 유형에 따른 이상적 수

치가 이미 다소간 패턴화되어 있다는 의미다. 이처럼 디지털 기술은 더 빠르고 정확하게 찌꺼기를 검출하여 조정·제거하는 방향으로 발전해 왔다. 그러므로 디지털 매체를 통해 널리 제작·유통되는 문화 양식이 점차 찌꺼기를 최대한 거치지 않는 형태로 소비되는 추세를 보인 것은 결코 우연이 아니겠다. 이제 작품을 음미하며, 그 안에 섞인 내용들을 천천히 부수고 거르는 과정을 거쳐 나에게 남을 만한 것을 찾는 시간은 더 이상 인간의 전유물이 아니다. 당신이 스크린을 통해 읽고 보고 듣는 동안, 이와 동시에 컴퓨터 또한 무엇이 당신에게 찌꺼기이고 무엇이 느낄 만한 것인지를 계산하고, 더 나아가 학습한다. 그렇게 스크롤을 넘기면 찌꺼기가 제거된 또 다른 추출물이 우리의 스크린 앞에 끊임없이 거듭 나타난다.

매체가 '인간의 확장'이라는 매체학자의 말[7]이 사실이라면, 우리에게 여유가 주어진들 돌연 모두가 찬찬히 시를 감상하는 모습을 기대하기는 힘들 것이다. 우리 존재는 점차 찌꺼기를 삭제하는 매체 기술의 속성에 따라 확장·전환 중일 것이므로, 오히려 그 시간에 찌꺼기가 제거된 디지털 콘텐츠들을 더 많이 소비할 가능성이 더 커 보인다. 디지털 매체와 가깝게 작용하는 세대일수록 더욱 그러할 것이다. 그렇다면 어떻게 해야 할까. 디지털을 멀리하고 종이책을 선호하는 문화 운동이라도 펼쳐야 할까. 얼마간 필요한 운동일지도 모르나, 전망이 밝아 보이지는 않는다. 어떤 매체학자는 "매체 기술의 바퀴는 뒤로 굴러가지 않"[8]는다면서 이렇게 말했다. "하지만 비트는 계속되어야 한다. 몇몇 작가나 정신 분석가들이 종이 위에 글쓰기를 고집한다고 해서 기술과 산업은 지연되지 않는다."[9]

맞다. 비트는 계속되어야 한다. 기술과 산업은 점점 더 찌꺼

7 마셜 매클루언, 『미디어의 이해: 인간의 확장』, 테런스 고든 엮음, 김상호 옮김, 커뮤니케이션북스, 2011

8 프리드리히 키틀러, 앞의 책, 2019, 157면.

9 프리드리히 키틀러, 앞의 책, 2019, 176면.

기를 지우는 방향으로 꾸준히 발전할 것이며, 이에 따라 우리의 감각도 그 형태에 맞추어 확장·변화할 것이다. 하지만 바로 여기서 흥미로운 지점이 눈에 들어온다. 위 매체학자의 전언은 아날로그 매체를 염두에 둔 것이었다. 가령 레코드나 비디오는 현장의 모든 소음과 사소한 비언어적인 행동 하나하나를 빠짐없이 기록·저장할 수 있다. 이전까지는 예민한 감각을 가진 전문가들이 도맡아 왔던 일을 이제는 기계가 훨씬 더 좋은 성능으로 수행할 수 있게 된 것이다. 그렇게 20세기의 기술과 산업은 시인들이 오랜 시간 해왔던 일을—자세히는 눈에 보이는 것 너머의 소음이나 찌꺼기들로부터 진실을 포착하고 이것이 오래도록 멀리멀리 기억될 수 있게끔 형태적 질서를 부여하는 작업을—대신하고자 했다. 그것도 훨씬 더 풍성한 각종 소음과 찌꺼기를 담아서.

하지만 지금은 어떠한가. 디지털화는 모든 문화 양식을 정보, 신호, 기호로 변환하여 찌꺼기를 말끔하게 제거한다. "그대가 가장 사랑하는 것은 남을 것이며, 나머지는 찌꺼기다." 풍부한 찌꺼기를 통과할 때 그대가 가장 사랑하는 것들은 더 많이 더 깊이 남을 테지만, 오늘날의 매체 기술은 사전에 찌꺼기를 분리한다. 그대가 가장 사랑할 만한 것(이라고 학습한 결과)만 남긴 채 말이다.

5

비트와 함께, 시는 계속되어야 한다. "생의 무질서를 언어로 조형해 내고, 그 말의 모자이크를 율동적인 모형에 맞춰 넣으려는 이 욕구는 인간이라는 존재의 본질적인 일부분"[10]이기 때문이다. 그

[10] 비록 시대마다 시의 형태는 달라지더라도 이러한 인간의 욕구를 반영하는 한 케너에게는 힙합 역시 현대적 버전의 시에 해당한다. 본문 인용문에 이어 그는 이렇게 말한다. "미국 래퍼인 나스는 호메로스와 똑같은 일을 한다. 리라 대신에 빠른 비트에 운을 맞춘다고 해서 한쪽을 실격이라 선고할 수 있을까?" 롭 케너, 「말의 가치」, 프레드 사사키·돈 셰어 엮음, 『누가 시를 읽는가』, 신해경 옮김, 봄날의책, 2019, 200면.

러므로 우리에게는 정돈된 세계만큼이나 무질서, 소음, 찌꺼기로 풍요로운 세계 또한 필요하다. 많은 아날로그 매체가 역사의 뒤안길로 사라지거나 대체된 현재 이 일의 전문가는 누가 뭐래도 시인들이다.

  청소년기는 그 어느 시기보다 소란스러운 동시에 고요한 때다. 너무 많이 웃고 떠들다가도 문득 어떤 말도 하고 싶지 않아 방문을 걸어 잠그곤 한다. 이 시기 우리는 소음과 침묵 사이에서 삶의 의미를 발견하는 연습을 한다. 어쩌면 이것이 우리가 디지털 시대에 종이책으로 시를 읽는 이유일지도 모르겠다. 현시점 종이책만큼 고요하면서도 이토록 찌꺼기와 소음으로 끓어넘치는 매체가 또 있을까. 시에 관한 논의인 만큼 글을 맺기 전에 청소년시 한 편을 소개하고자 한다.

  우리는 유령이 되었지
  유령이 되기는 아주 쉬웠어
  선생님도 부모님도 한때 유령이었대
  그래서 우리가 유령인 건
  당연한 거래

  유령이 되려면 두 가지 규칙만 잘 지키면 돼
  무리 지어 다닐 것
  절대 거울을 보지 말 것

  (중략)

유령으로 지내는 동안

나는 거울을 보지 않았어

어차피 나는 거기 없었으니까

— 임수현, 「걔들은 '우리'인 거고 난 그냥 '너'였던 거」[11] 부분

청소년기 또래 집단에서 '우리'와 '너'로 구분되기란 숨 막히는 경험이다. 하지만 더 안타까운 상황은 '너'로 구별되지 않기 위한 선택지가 오직 '유령'이 되는 것, 다시 말해서 개인의 고유성을 잃고 신원이나 이름도 모를 죽은 존재가 되는 것뿐이라는 점이다. 누가 이러한 선택을 강요하는가. 이 문제를 따져 묻기 위해서는 목소리가 필요하다. 하지만 목소리는 저절로 주어지지 않는다. 그것은 눈에 보이지만 죽은 존재(유령)로 머물기를 거부하고, 그동안 보이지도 들리지도 않던 존재의 소음을 세계에 내보임으로써 '너'로 구분되는 순간의 두려움을 '나'를 발견하는 즐거움으로 역전하는 경험에서 온다.

그럼 어떻게 해야 하나. 시는 '거울'을 보는 일을 한 가지 방법으로 제안하는 듯하다. 거울을 통해 '나'를 바라보는 것이 첫 단계라는 이야기는 언뜻 시시하게 들린다. 하지만 기억하자. 한동안 화자가 거울을 보지 않았던 이유는 단지 그가 유령 무리에 끼고 싶어서가 아니었다. "어차피 나는 거기 없었으니까"라는 고백에서 보듯 섬뜩하게도 그는 이미 거울에 비치지 않는 존재였던 게다. 이것이 과연 시의 화자만의 문제일까? 오늘날 우리가 바라보는 거울(스크린)에는 무엇이 비치고 있나? 스마트폰 스크린 너머로 비치는 모든 찌꺼기가 제거된 세계 속 '나'의 모습은 과연 얼마만큼의

[11] 임수현, 『악몽을 수집하는 아이』, 창비교육, 2022, 20~21면.

진실을 반영하고 있을까? 이처럼 임수현의 시는 지금 청소년의 상황을 이미지적으로 날카롭게 드러낸다.

　　　지금 청소년들에게는 '나'를 정확히 비추는 거울이 부재한 상태다. 그러니 청소년에게는 '그대가 가장 사랑하는 것'이라 추천된 말끔한 세계만을 빠른 속도로 넘길 수 있는 창 이외에도 다른 거울이 필요하다. 청소년시는 한 가지 대안이 될 수 있을까. 찌꺼기와 소음으로 가득한 언어들 속에서 헤매고 주저하며 멈추어 서거나 되돌아가는 지난한 과정들을 거쳐야만 겨우 세계의 진실 일부를 감지할 수 있는 불투명한 거울, 그것이 시다. 그 거울에 비친 '나'는 익숙했던 모습이 아닐지도 모른다. 당혹스러울 수도 있다. 하지만 평소 마주하지 못했던 '나'라는 세계의 단면과 마주치며 흔들리는 경험이 비옥해지는 만큼 "그대가 가장 사랑하는 것"은 더 깊고 진하게 남을 것이다. ✏

기후 위기 시대의
청소년과 청소년시

평론

생명에 대한
언어의 집을
다시 세우는
청소년시

김지은

아동청소년문학 평론가, 서울 예술 대학교 문예학부 교수. 1997년 『동아일보』 신춘문예에 동화를 발표하며 등단하였다. 평론집 『어린이, 세 번째 사람』, 『거짓말하는 어른』 등을 펴냈다. 자라는 사람에게 문학은 햇빛, 공기, 물이라고 생각하며 아동청소년문학을 연구한다.

1. 당신의 말을 할 수 있는 바로 그 방, 청소년시

인간의 생애 중에 생물학적으로 시를 읽기에 가장 적합한 때가 있다면, 청소년 시기가 아닐까 생각해 본 적이 있다. 국가나 법률에 따라 청소년을 정하는 기준은 조금씩 다르지만 대략 만 10세에서 18세까지를 청소년으로 본다. 이 시기를 불안하게 바라보는 시선이 있으나 국가 건강 정보 포털을 살펴보면 "청소년 발달에 있어 정상과 비정상을 구분하기는 어렵습니다."[1]라는 언급이 있다. 비청소년의 관점에서는 청소년에게 나타나는 여러 문제가 일탈처럼 보일 수 있지만 청소년 시기를 부정적으로 해석하거나 불안정한 시기로 보는 것은 오해이며, 자기 내면을 깊게 탐구하고자 하는 청소년기의 생각과 시도에는 유익한 면이 있다는 말을 덧붙였다. 문학 중에서도 시는 서정 장르로서 내면화된 세계를 주관적이면서도 은밀한 방식으로 토로하는 특성이 있다. 시의 함축성과 상징성은 자기 내면을 응시하면서 정체성을 발견하고자 하는 청소년 독자에게 더욱 예민하게 가닿을 수 있다.

　　세계적으로 시의 독자는 줄어드는 경향을 보이고 있지만, 청소년을 주요한 독자로 삼거나 청소년들의 목소리를 담은 시집 발간은 꾸준히 늘고 있다. 정체성 고민으로 흔들리는 그들에게 시는 사유의 정직한 우회로가 되어 주기 때문이다. 미국의 시인 샤론 올즈는 십 대 시절 처음 시를 쓰던 경험을 돌아보며 시를 쓰려는 청소년들에게 이런 말을 건넸다. "누군가에게 꼭 하고 싶은 말이 있는데, 그 사람에게 직접, 얼굴을 마주하고서는 절대 말할 수 없을 때가 있죠? 시를 쓰세요. 여기가 말을 할 수 있는 곳이에요."[2] 샤론 올즈의 말처럼 청소년 독자들은 꺼내기 어려웠던 자신

[1] 질병관리청, 「정상 청소년의 성장과 발달」, 질병관리청 누리집에서 인용.

[2] Sharon Olds, "Advice to Young Poets: Sharon Olds in Conversation", *Academy of American Poets*, May 12 2010.

의 목소리를 시를 통해 확인하고 있다. 2004년 출간되어 전미 도서관 협회로부터 시 연구의 새로운 기준을 제시했다는 평가를 받은 청소년시집 『시의 시절Poemhood』은 제목을 통해 시를 읽기 좋은 시절을 청소년기라고 명명하고 부제—A Young Adult Poetry Anthology—에서도 '청소년'을 독자로 호명하며 청소년시집임을 분명히 하고 있다. 코레타 스콧 킹 상을 수상한 앰버 맥브라이드, 에리카 마틴 등이 편집에 참여했으며 『검은 느낌, 검은 이야기 Black Feeling, Black Talk』를 썼던 니키 지오바니를 비롯한 시인 서른다섯 명이 차별의 트라우마를 끊고 자연 속에서 존재의 아름다움을 스스로 발견하는 청소년시를 담았다.

시의 형식으로 쓴 청소년소설도 강세다. 엘리자베스 아체베도의 첫 소설 『시인 X』(황유원 옮김, 비룡소, 2020)는 시를 쓰는 15세 '시오마라'가 주인공으로 전편이 시로 구성되어 있다. "이 책에 실린 거의 모든 시에는 청소년기에 대한 보편적 진리가 적어도 한 가지씩 담겨 있다."[3]라고 평가받으며 보스턴 글로브 혼북 상을 수상하였고 그밖에도 마이클 L. 프린츠 상, 카네기 상 등을 휩쓸었다. 아체베도는 시와 랩을 결합한 낭독 경연인 '포에트리 슬램 Poetry Slam'에서 우승한 이력이 있는데 두 번째 책인 『착륙할 때 박수를』(홍지연 옮김, 문학동네, 2023)도 운문 소설이다. 이 작품도 뉴욕타임스 베스트와 전미 도서관 협회 올해의 청소년소설에 선정되었다. 2022년 마이클 L. 프린츠 상 수상작인 리사 핍스의 『스타피시』(강나은 옮김, 아르테, 2022), 한스 크리스티안 안데르센 상 후보에 오른 호주 작가 마거릿 와일드의 『러브 앤 징크스』(이지원 옮김, 올리, 2024)도 운문 소설이다. 언급한 작품들의 공통된 특징은 자전적이라는 점이며 청소년 당사자의 감정과 고민을 훼손 없이

3   Jennifer Hubert Swan, "Reviews of the 2018 Boston Globe-Horn Book Fiction and Poetry Award Winner and Honor Books", *The Horn Book Magazine*, March/April 2018.

발현하기 위한 문학의 양식으로 시를 선택했다는 것이다. 그들은 시를 통해 자기를 발견한다.

> 늘 보는 것은
> 그 존재를 잊기도 한다.
> 혹등고래들이 그려진
> 댈러스 시내의 야외 벽화
> '고래의 벽'처럼 말이다.
>
> 그 고래들을 올려다보니
> 내가 너무 조그맣게 느껴졌다.
> 고래들은
> 헤엄을 친다.
> 똑똑하다.
> 커다란 마음이 있다.
> 목소리가 있다.
>
> — 리사 핍스, 「고래의 벽」[4] 부분

우리 청소년시에 대한 논의도 작품에 반영된 청소년의 당사자성을 향해 나아가고 있다. 당사자의 목소리를 더 가깝게 반영하는 청소년시의 흐름 속에서 성인 시인은 다음 질문을 거듭해서 받게 된다. "이 시의 화자는 청소년 화자가 맞는가?" 그동안 청소년시는 비청소년인 창작자가 청소년 화자의 감정을 대변한다는 점에서 일종의 '배역시'로 여겨졌다. "일반적인 서정시와는 다르게 청소

[4] 리사 핍스, 『스타피시』, 강나은 옮김, 아르테, 2022, 282면.

년이라는 특정한 인물의 입을 통해 이루어지는"[5] 유형이므로 비청소년인 시인의 입장이 작품에 어디까지 영향을 미치는가가 중요한 고민이었다. 권유성은 '청소년시'의 시적 화자의 문제에 대해 이야기하면서 표면적으로는 청소년 화자에 의해 발화되지만 실제 청소년의 목소리를 반영하기에 어려움이 있다고 언급하기도 했다.[6] 그러나 김유진은 "여성 화자를 전면에 내세운 동시와 청소년시는 젠더 정치에 있어서는 여성 어린이, 청소년을 가시화한다는 점에서, 아울러 아동청소년문학의 윤리와 미학에 있어서는 보다 구체적이고 개별적인 어린이, 청소년의 현실을 재현한다는 점에서 의미가 있다."[7]라고 보았다. 소수자의 재현이 비소수자에 의해서 이루어질 수 있다는 점은 아동청소년문학의 미학에서 중요한 부분이다.

2. 청소년의 생태 불안과 청소년시의 온도차

그렇다면 이 시대의 청소년들이 소수자로 가장 중대하게 성찰하면서 당사자의 목소리를 내는 영역은 어디일까. 하나는 젠더와 정체성의 문제일 것이며, 다른 하나는 기후 위기와 생명에 관한 실천 의지일 것이다. 기후 환경에 대한 여러 보고서에 따르면 세계는 이르면 2030년대에 임계 온도의 한계점을 통과할 것으로 예측한다. 그리고 기후 재해는 이미 체감할 수 있는 수준으로 진행되고 있다. 청소년들은 정부가 왜 온실가스의 배출을 더 강력하게 규제하지 않고 관련 입법을 시행하지 않는지, 당장 할 수 있는 조치들에도 미온적인 입장인지 의문을 가진다. 결국 자신들이 다가올 피해를

---

5 김지연, 「'청소년시'에 나타난 생태의식 연구」, 『현대문학이론연구』 제89집, 현대문학이론학회, 2022, 30면.

6 권유성, 「청소년시의 장르적 특성 연구 – 시적 화자 문제를 중심으로」, 『어문론총』 제71호, 한국문학언어학회, 2017, 157~176면 참조.

7 김유진, 「동시와 청소년시의 여성 화자」, 『아동청소년문학연구』 제26호, 한국아동청소년문학학회, 2020, 66면.

감당해야 한다는 사실을 깨닫고 생태적인 불안을 느낀다. 세계 여러 나라에서 기후 행동의 가장 앞자리에는 청소년이 있다. 청소년들은 "Eco-anxiety"[8]라고 불리는 '생태 불안'으로 인해 생활에 강력한 영향을 받을 가능성이 가장 높은 존재이며, 따라서 지속 가능한 미래를 위한 실천 의지 또한 가장 높다. 그러나 결국 시간이 중요한 변수가 될 수 있는 기후 위기 문제는 세대 간 체감 온도의 차이가 명백하고 청소년들이 느끼는 생태 불안의 심각성은 정책 입안과 결정 과정에서 번번이 무시되곤 했다.

2024년 5월 21일 헌법 재판소에서는 '기후 소송' 공개 변론이 열렸다. 이때 헌법 소송 청구인 자격으로 대심판정에 선 서울 흑석 초등학교 6학년 한제아 학생은 최후 진술에서 이렇게 말했다.

"2년 전 제가 이 헌법 재판소 앞에서 처음 기자회견을 했을 때, '어린애가 뭘 알고 했겠어? 부모가 시켰겠지'와 같은 댓글이 있었습니다. 저는 억울했습니다. 단지 어리다는 이유로 저의 진지한 생각이 무시당하는 듯했습니다. 어른들은 투표를 통해 국회 의원이나 대통령을 뽑을 수 있었지만, 어린이들은 그럴 기회가 없습니다. 이 소송에 참여한 것이 미래를 위해 제가 할 수 있는, 또 해야만 하는 유일한 행동이었습니다."[9]

청소년 기후 행동을 포함한 여러 기후 소송 원고 단체의 주요 구성원은 어린이와 청소년들이다. 그들은 재판부의 전향적 판결을 염원하면서 손 편지를 모아 제출했다.[10] 청소년들은 기후 위기에 대해서 기성세대가 변화 의지가 있는지 의문을 품고 있다. 기성세대는 '기후 변화', '지구 온난화'라는 낱말을 자주 사용하는 반면 청

[8] Tosin Thompson, "Young people's climate anxiety revealed in landmark survey", *Nature*, September 22 2021.

[9] 이오성, 「기후소송 "아이들이 기회를 주었습니다. 어른이 될 기회를"」, 『시사인』 제873호, 2024년 6월 10일.

[10] 이오성, 앞의 기사, 2024년 6월 10일.

소년들은 '기후 위기', '기후 붕괴'라는 용어에 더 익숙하다. 한 인터뷰에서 이유진 녹색 전환 연구소 부소장은 "강의에 가서 기성세대들에게 탄소 중립 그래프를 보여 주면 나오는 첫마디가 '그게 되겠어?'다."라고 말했다. 반면 청소년들은 "그럼 해야지. 뭘 망설여?"라고 대답하면서 어려움보다는 실천에 대한 의지를 보인다는 것이다.[11]

이는 세계적인 현상이다. 현재 이 문제만큼 세대 간 인식 격차가 큰 사회 문제는 없다. 2022년 미국 CBS 뉴스가 만 16세에서 25세를 대상으로 실시한 조사에 따르면 이들 중 59퍼센트가 기후 위기에 대해서 매우 높은 수준으로 걱정하고 있으며 45퍼센트 이상이 기후 위기에 대한 감정이 자신의 일상생활과 기능에 부정적인 영향을 끼친다고 대답했다.[12] 청소년들은 자신이 앞으로 어떻게 살아갈지, 사랑하는 사람과 미래를 만들어 갈 수 있을지 두려워하고 염려한다. 반면 비청소년 세대, 특히 정책 결정 권한을 가지고 있는 세대는 기후 변화의 피해를 자신의 고통으로 명확하게 자각하기보다는 자연과 생명에 대한 기본 가치의 측면에서 이해하는 경향이 있다. 문제를 발생시킨 사람들과 문제를 처리할 사람이 다르다는 점에서 견해 차이가 확연하다. 기성세대가 기후 위기를 공동체의 윤리로 다가간다는 것은 그만큼 관념적이라는 의미이기도 하다. 하지만 청소년들에게 기후 위기는 매우 개별적이고 개인적인 고통이다. 영국 BBC의 2021년 기사에 따르면 젊은 세대 열 명 중 네 명은 아이를 낳는 일에 대해서 주저하는 마음을 갖고 있다. 그들은 자기 미래에 대한 실질적 고민에서 출발해 다른 생명을 타자화하지 않는 공통 감각을 획득한다. 위의 기사에 인용된 한 젊은이는 "저는 죽고 싶지는 않지만, 아이들과 동물을 돌보지 않는

11 김다은, 「"좋은 기후 위기 기사, 응원해 주어야 한다"」, 『시사인』 제794호, 2022년 11월 29일.

12 Layla Chaaraoui, "Young People are Worried About Climate Change, and Rightfully So", *Harvard Political Review*, August 6 2023.

세상에서 살고 싶지도 않습니다."라고 말한다.[13] 간절하게 살고 싶은 마음과 이런 식으로는 살고 싶지 않은 마음, 청소년들의 생태 불안에는 이 두 가지 마음이 공존하는 것이다.

　　청소년시에서도 이 문제는 고스란히 드러난다. 청소년 화자와 비청소년 시인 사이 나타나는 기후 위기에 대한 인식의 온도 차는 지금 생태와 생명을 다루는 청소년시가 청소년 독자와 먼 거리에 있는 중요한 이유로 보인다. 청소년이 읽기에 청소년시의 어조가 한가한 목소리로 여겨질 가능성이 있는 것이다. 여기에 아동청소년문학의 오래된 숙제인 '청소년들은 세계의 구조적 문제를 잘 모르고 비청소년들은 그들을 가르칠 수 있다.'라는 생각이 더해지면서 청소년 당사자가 느끼는 감각은 소외되어 버린다. 사실 생태 불안을 더 치열하게 겪고 있는 것은 청소년 당사자인데도 시 안에서 청소년 화자는 종종 가르침을 당하는 존재가 된다.

　　우리 동네
　　뒷산에서
　　뻐꾸기가 운다

　　자동차 매연 매캐한
　　아카시아 숲에서
　　뻐꾸기가 운다

　　봄이 왔다, 뻐꾹!
　　목 아프다, 뻐꾹!

[13] Roger Harrabin, "Climate change: Young people very worried – survey", *BBC*, September 14 2021.

나 같으면 짜증 나

안 울 텐데

— 조재도, 「뻐꾸기」[14] 전문

이 시에서 뻐꾸기는 울음을 통해 대기 오염을 경고하는 주체이자 고통의 당사자다. 청소년은 뻐꾸기가 곧 자기 자신이라고 여길 가능성이 높으나 시적 화자는 "나 같으면 짜증 나"라는 표현으로 뻐꾸기와 자신 사이에 거리를 두고 있다. 여기서 '짜증'이라는 표현은 청소년을 기후 위기의 실천적 주체가 아닌 수동적 불만을 토로하는 인물로 그린다는 점에서, 또한 감정 처리에 미숙한 존재로 그린다는 점에서 조심스러운 시어이다.

쓸모도 없이 나는 어떻게 사나
섬수도 되고 양식도 되고 돈도 되는
쓸모로 가득 찬 세상
쓸모없는 나는 적어도
강과 바위와 나무를 망치는 일은 하지 않아야겠는데
모가 나서 모래알처럼 반짝이는
순간들을 영영
잃어버리는 일은 없어야겠는데

— 손택수, 「쓸모없는 녀석」[15] 부분

이 시에서 청소년 화자는 자신의 가치를 쓸모로 판단하는 사회에

---

[14] 조재도, 『자물쇠가 철컥 열리는 순간』, 창비교육, 2015, 90면.

[15] 손택수, 『나의 첫 소년』, 창비교육, 2017, 34~35면.

대해서 개탄하면서 그럼에도 자신은 적어도 "강과 바위와 나무를 망치는" 존재는 아니라고 항변하고 있다. 서열 경쟁 중심의 세계 구조를 만들었고 생태계 파괴를 반성하지 않는 기성세대에 대한 비판을 던진다. 그러나 고민이 되는 것은 "잃어버리는 일은 없어야겠는데"라는 마지막 행이다. 기성세대이기도 한 시인이 청소년을 향해 "당신들은 어른들처럼 그러지 말라"며 넌지시 조언하고 있다고 느껴지는 대목이다. 시적 화자는 청소년이지만 시 바깥에 비청소년이 존재하기 때문에 완전한 1인칭이 되기 힘든 청소년시의 어려움이 엿보인다.

> 언젠가는 1회용 인간이 나올지도 모른다.
> 1회용 씨앗처럼
> 1회용 인간을 사고파는 시대가 오면
> 하느님은 어떤 표정을 지으실까?
>
> 참 잘했어요, 도장을 찍어 주실까?
>
> 아니지.
> 그때쯤엔 하느님도 1회용으로 팔리고 있을 거야.
>
> — 박일환, 「1회용 씨앗」[16] 부분

이 청소년시는 코로나19 이전에 발표되었다. 팬데믹을 거치면서 일회용품에 더욱 무감각해진 청소년 화자라면 이 시처럼 1회용 인간을 사고파는 시대를 상상하면서 이 시에 공감할 수 있다. 그런데

16 박일환, 『만렙을 찍을 때까지』, 창비교육, 2019, 84면.

"하느님은 어떤 표정을 지으실까?"에 이어지는 "참 잘했어요" 도장 부분이 걸린다. 청소년은 평가자가 되기보다는 평가받는 처지에 놓일 때가 많다. 도장을 찍어 주는 쪽이 되기는 어렵다는 이야기다. 그렇다면 이 시에서 기후 위기에 대한 청소년의 실천에 도장 찍어 주는 존재는 누구인가? 자연스럽게 이 시의 하느님으로, 일상에서 자신을 평가하는 기성세대를 떠올릴 수밖에 없다. 하느님도 일회용으로 팔리고 있을 거라는 부분에 이르면 기성세대의 자조적인 목소리가 들리는 것 같기도 하다. 물론 교실 안의 풍경을 초월한 대자연을 '하느님'으로 읽는 것도 충분히 가능하다. 그러나 "참 잘했어요"라는 말은 청소년이 신물 나게 들어온 평가의 언어라는 것을 생각하면 역시 아쉬움이 있다.

"내가 겨우 꽃송이 하나 피우면/다른 친구들은 다섯 개 열 개씩 피울 것 같은데//기후 위기라는 말 앞에서/나는 내 존재의 위기부터 생각하곤 한다."[17]에서 보이듯이 청소년 당사자들의 일상 속 "내 존재의 위기" 중에 진로와 성적 고민이 우선순위일 것은 짐작할 수 있다. 그러나 존재의 근원을 보았을 때 생태 불안이 그보다 더 작은 고민이라고 보기는 어려울 것 같다. 기후 위기를 성적 고민을 위해 빌려 올 상황은 넘어섰거나 곧 넘어서게 될 것으로 보인다는 것이다. 청소년들의 기후 위기에 대한 실천 의지가 과격해 보일 정도로 강력한 것에 비해 기성세대가 상대적으로 느긋하다는 지적은 문학에서도 적용된다. 청소년시는 청소년 당사자의 목소리를 닮아 조금 더 용기를 내야 한다. 기후 정책의 대대적 혁신을 촉구하기 위해서 돛단배로 대서양을 건넌 그레타 툰베리를 떠올리지 않더라도 지금 상황을 정책적으로, 경제 구조의 개혁을 통해 돌파하고자 하는 것이 청소년들의 입장이다.

17 박일환, 「미안해요, 기후 위기」, 『우리들의 고민상담소』, 단비, 2024, 48면.

> 미국에서 매년 폐기되는 음식물이 100조 원이 넘는다는데
> 세계의 절반은 여전히 굶주린다니!
>
> 지금 당장 내가 할 수 있는 가장 작은 일이
> 음식을 버리지 않는 일 같았다
>
> 내가 할 수 있는 조금 더 큰일에 대해서는
> 앞으로 곰곰 생각해 볼 예정이다
>
> — 김선우, 「왜?」[18] 부분

이 시를 읽는 청소년들은 "조금 더 큰일"을 적극적으로 시행하지 않는 정책 결정권자에게 강한 불만을 품고 있을 가능성이 있다. "곰곰 생각해 볼" 상황이 아니라는 절박함을 안고 있을 것이다. "음식을 버리지 않는 일"은 개인의 실천이지만 작은 단위의 실천을 강조하면서 큰 구조 변화는 '나중에' 하자고 말하는 기성세대에 문제를 제기하고 싶을 것이다. 굶주림과 버려지는 음식물이 공존하는 문제에 대해서도 청소년들은 이미 잘 알고 있기 때문에 청소년시를 통해서 다시 복습하고 싶지는 않았을지도 모른다. 지난 몇 년 동안 우리 사회의 성인지 감수성과 기후 위기에 대한 인식이 특히 크게 높아졌다. 문학이 현실의 변화를 따라가기 힘들 만큼 큰 변화가 있었고 여전히 진행 중이다. 청소년들의 기후 불안과 그들의 실천 의지를 반영하기 위해서 기후 위기를 말하는 청소년시가 더 앞으로 맹렬히 달려야 한다고 보는 이유다.

[18] 김선우, 『댄스, 푸른푸른』, 창비교육, 2018, 73면.

우리는
지구를 굴릴 수 있게 태어났다

크든
작든
잘생겼든
못생겼든

지구를 굴려
낮밤을 만들고 있다

낮밤을 만드는 수준
가히 창조주와 동급이니라

— 김미희, 「그러니까 자신감을 가져」[19] 전문

청소년기는 자신의 가능성에 대한 기대와 절망이 극도로 교차하는 시기이기도 하다. 그들은 부당한 세계를 변혁할 수 있다는 기대를 아직 버리지 않은 사람들이기도 하다. 청소년 당사자들의 실천적 목소리와 이러한 능동적 자아상을 결합시켰을 때 청소년시의 호연지기가 살아날 수 있을 것이다.

[19] 김미희, 『지구를 굴리는 외계인』, 휴머니스트, 2015, 58면.

3. 반려종으로서 살아가는 청소년과

청소년시에 나타난 생명의 경고

철학자 도나 해러웨이는 2003년 「반려종 선언: 개, 사람, 그리고 중요한 타자성」을 발표하면서 기후 생태 위기에 대한 강력한 경고와 함께 망가진 세계에 대한 "재세계화reworlding 작업"[20]을 제안한 바 있다. 그는 "사람들이 서로 알지 못하는 자로서, 중요한 타자로서 개와 만나는 법을 배워야 한다"[21]라고 주장하면서 인간이 비인간 타자들과 책임 있는 관계로 나아가기 위한 실천의 방향을 모색한다. 과거처럼 인간이 자연을 자신의 이익을 위한 수단으로 바라보는 한 인류는 절멸에 처할 수밖에 없다. 지금은 인간이 다른 동식물에게 붙이던 '반려'라는 낱말을 거꾸로 인간에게 붙여 보아야 하는 시대다. 과연 인간은 지구에 사는 다른 생명들의 반려종이 될 자격이 있는가?

김현서는 「무뚝뚝한 규율 아저씨」에서 "도마 위에 누워 있는 자연산 광어"와 청소년 화자 자신의 처지를 비교한다. 이 시는 억압적 교육 현실에 대한 은유로 읽힌다. 그러나 생존과 무관하게 생명을 탐식하는 인간에 대한 반성으로 읽어도 무리가 없다.

> 아저씨 손에 눌려
> 도마 위에 누워 있는 자연산 광어
> 거칠게 팔딱거린다
>
> 아저씨 손에 눌려
> 광어의 비늘이 벗겨진다
> 꼬리가 잘리고 지느러미가 잘린다

[20] 도나 해러웨이, 『해러웨이 선언문』, 황희선 옮김, 책세상, 2019, 266면.

[21] 도나 해러웨이, 『종과 종이 만날 때』, 최유미 옮김, 갈무리, 2022, 303면.

평론

나 좀 내버려 두라고 몸부림쳐도
아저씨는 아랑곳하지 않는다

귀가 없는 아저씨 손은
거침없이 광어의 머리를 자르고
뼈와 살을 떼어 내며 노련한 손놀림을 이어 갈 뿐

광어는 아저씨 손아귀를 벗어나지 못한 채
떨어져 나간 자신의 살점을 바라본다

— 김현서, 「무뚝뚝한 규율 아저씨」[22] 부분

횟집의 조리 장면이 교실 현실을 은유하고 있지만 기후 위기에 대한 반성이 없는 기성 정치와 경제 권력에 던지는 비판으로도 보이는 것이다. 시의 심층적 의미가 아닌 표층적 의미가 또 다른 심층적 의미를 발생시키는 경우다. "무뚝뚝한 규율 아저씨"는 청소년 당사자들의 강력한 항의에도 탄소 발생 저감 방안 마련에 소극적인 제1세계 정치인들의 무심한 얼굴과 겹쳐 보인다. 결국 "붉은 초장 같은 눈물을 흘리"게 되는 것은 미래를 살아갈 청소년을 비롯한 우리 모두이다. 김현서는 「타자를 대하는 방식」에서도 과거보다 더 퇴행하고 있는 다른 생명에 대한 존중의 태도를 비판한다. 1977년과 2018년의 동물원 탈출 사건을 비교하며 2018년에는 "사육사를 부른다는 계획은 없었다."[23]라고 말하며 다른 생명을 함부로 대함으로써 스스로 자기 미래를 난도질하는 인간을 그려 낸

22 김현서, 『숨겨 둔 말』, 창비교육, 2022, 18면.

23 김현서, 앞의 책, 2022, 21면.

다. 이 시에서 시인은 1인칭 화자가 등장하지 않는 객관적 진술을 시도하는데, 이 방식은 지금의 사태가 비청소년과 청소년 모두에게 책임이 있는 공동의 문제 상황이라는 것을 보여주는 데에 효과적이다.

  여기서 한발 더 나아가 청소년들은 자신을 동물과 식물의 반려종으로 칭하기를 자청한다. 얼마 전 편의점에서 만난 이웃의 한 청소년은 비상 계엄이 선포되고 통행 금지에 대한 기사들을 읽자 자신이 그동안 밥과 물을 챙기던 길고양이는 이 엄동설한에 어떻게 살게 될지부터 떠올랐다고 말했다. 이 지구에서 함께 생명을 의지하며 살아갈 수 있다면 스스로 동물의 도구가 되는 것도 자처한다. 그들에게 "개 같다."라거나 "벌레 같다."라는 말은 동물들에게 도리어 부끄러워지는 표현이다. 그들에게 생명은 '보호의 대상'이 아니며 어쩌면 '존중의 대상'을 넘어설 수도 있는 소중한 반려다.

> 벌레는 멋있다
> 열심히 먹이를 옮기는 개미
> 열심히 꿀을 모으는 벌
> 열심히 흙을 먹고 자라는 지렁이
> 자기 일 열심히 하는 벌레들
>
> 열심히 일하지 않는 나
> 나도 벌레처럼 열심히 살고 싶다
>
>   ― 채윤동, 「벌레」[24] 전문

[24] 중리중 학생 창작 시집, 『나는 아직 너무 말랑하다』, 박정임 엮음, 브로콜리숲, 2024, 120면.

김준현은 이러한 청소년 당사자의 마음을 받아 "남으로 살지 않고 나무로 살래요"라고 말한다. 다른 생명과 연대하겠다는 청소년 화자의 결심은 스스로 '나무가 되는 것'으로 완성된다.

> 자꾸 발을 내려다보는 습관이 뿌리를 내려요
>
> 흔들리지 않아요
>
> 이곳을 힘주어 말하면 이 꽃이 되듯이
>
> 남으로 살지 않고 나무로 살래요
>
> — 김준현, 「조용히 자라요」[25] 전문

청소년시에서 생명을 다루는 일은 자라는 청소년 당사자의 생각과 실천 의지에 맞추어 생명에 대한 시적 태도 전반을 재점검하고 문학의 영역에서 그 언어들을 새롭게 세우는 일이다. 도나 해러웨이의 "재세계화reworlding 작업"에 빗대자면 "재언어화rewording 작업"이기도 하다. 미래는 "내가 다 읽지 못한 성경처럼 다 알 수 없는 삶이/구겨진 페트병처럼 던져지고/벗겨진 비닐처럼 빛나고"[26] 있기에 웃고 있을 수만도 슬퍼할 수만도 없지만 청소년 화자는 오늘을 그대로 두고 보지 않는다. 나중의 일로 미루지도 않는다. 오늘의 청소년시가 생명을 다루고자 한다면 그 현재적 실천의 마음을 담는 것이 가장 중요한 과제가 될 것이다.

---

25 김준현, 『세상이 연해질 때까지 비가 왔으면 좋겠어』, 창비교육, 2022, 50면.

26 이근화, 「주말 나들이」, 『슬픈 삼각형 웃긴 사각형』, 창비교육, 2024, 30~31면.

김애란의 청소년시와
또 다른 청소년

돌봄으로 연결된
삶 속에서
청소년 바라보기

오연경

문학평론가. 2009년 『동아일보』 신춘문예 평론 부문에 당선되며 비평 활동을 시작했다. 주요 평론으로 「전진하는 시—페미니즘 리부트 이후의 여성시」, 「자본주의 악천후와 이행의 감각」 등이 있으며, 창비청소년시선 기획위원으로 활동하고 있다. 청소년시가 청소년 안의 작은 시인을 불러낼 수 있기를 바란다.

평론

0. 들어가며

우리 사회에서 청소년은 사적으로는 정상 가족, 공적으로는 학교에 소속된 것으로 표준화된다. 가족과 학교는 미성년인 청소년이 성년이 될 때까지 돌봄과 교육을 제공하는 울타리 역할을 부여받는다. 청소년은 이처럼 사회적·법적으로 돌봄을 받는 존재로 규정되고, 일방적인 돌봄 안에서 성장을 유일한 과업으로 지닌 존재로 간주된다. 이때의 성장은 경제 활동을 영위하고 법률 행위를 행사할 수 있는 자립적 개인, 돌봄에서 벗어난 성인이라는 표준 모델을 지향한다. 그러나 돌봄은 특정 시기나 특정 인간에게만 필요한 결핍의 상황이 아니며 언젠가 극복하거나 벗어나야 할 한시적 상태도 아니다. 인간은 근본적으로 취약한 존재이며, 이 취약성은 우리가 타자와의 상호 돌봄 속에서 생존할 수 있는 조건이 된다.

  김애란의 청소년시는 상호 의존적 돌봄의 연결망 속에서 청소년의 현실을 그려 낸다. 시인은 가족과 학교에서 돌봄을 받으며 성장하는 전형적인 청소년이 아니라 좀처럼 관심을 받지 못하는 사각지대에 놓인 청소년과 그들의 복잡한 현실에 눈길을 준다. 일반적인 유형화나 표준적 범주로는 잘 포착되지 않는 그곳에 '학교 밖 청소년', '한 부모 가족 자녀', '조손 가족 자녀', '미혼모', '미혼부', '자립 준비 청년', '영 케어러young carer', '코다CODA', '가출팸', '알바생', '현장 실습생' 등 모호하고 복잡한 호칭으로 불리는 청소년들이 있다. 이들은 아프고 힘겨운 현실에서 세상의 다른 것들과 상호 의존적으로 맺어진 자신의 존재 조건을 성찰하고 새로운 관계를 생성하며 연결된 존재로 나아간다. 이 글에서는 창비교육에서 출간된 김애란의 청소년시집 『난 학교 밖 아이』(2017), 『보란 듯이 걸었다』(2019), 『열여덟은 진행 중』(2024)을 '돌봄'이라는 키워드로 읽으면서 김애란의 청소년시가 조명한 '또 다른 청소년'의 의미와 가치를 살피고자 한다.

1. 학교 밖 청소년의 자기 돌봄과 관계 맺기

김애란의 첫 청소년시집 『난 학교 밖 아이』는 제목에서부터 "특별한 청소년들"(「청소년증」)을 호명한다. '학교 밖 청소년'은 학교에 다니지 않는 청소년을 가리키는 이름으로, 안과 밖을 구분하는 차별적 의미를 담고 있다. 청소년과 학생을 동일시하는 우리 사회에서 학생 아닌 청소년은 예외적인 존재로 간주한다. 학교 밖으로 나온 아이들은 학생이라는 신분, 또래 집단, 사회적 안전망을 제공해 주던 학교라는 울타리가 그 바깥에서 살아가는 존재를 구분하고 배제하는 높은 장벽이었다는 것을 알게 된다. 「하느님은 알지요」에서 학교를 자퇴하고 세상의 편견에 부딪힌 화자는 "우주 미아가 되어 별과 별 사이를/둥둥 떠다니는 기분" 또는 "행인과 어깨를 부딪칠 때마다/얼어맞는 기분"이라고 말한다.

학교를 그만둔다는 것은 학교 중심으로 형성된 관계의 네트워크에서 떨어져 나와 '홀로' 고립된다는 것을 의미한다. "갑자기 변해 버린 상황 때문에" "아주 깊은 우울에 빠진" 화자는 "알약은 나를 우울이라는 우물에서/건져 주는 두레박"이라고 말하지만 "조그만 발가락으로 우물 벽을 움켜쥐고/끝끝내 기어 나온 청개구리"(「하얀 알약」)처럼 언젠가는 혼자의 힘으로 우울이라는 우물에서 빠져나가리라 다짐한다. 김애란은 학교 밖으로 나온 아이들이 마주한 현실을 구체적으로 보여 주면서도 그들이 현실의 벽을 허물고 길로 닦아 나아가는 과정에 주목한다.

> 집에선 안 보이던 길이
> 나가니께는 보이제?
> 것도 이 길 저 길 많이 보이제?
> 똑같은 기라
> 지금은 암것도 안 보이고
> 똑 죽을 거맹키로 막막한 거 같어도
> 일단 나서면 보이는 게 길이래이
> 가다 보면 없던 길도 생긴대이
> 길이 끊기몬 돌아서면 되는 기라
> 그라몬 못 보고 지나친 길이 새로 보이는 기라
> 어디든 길은 쌔고 쌘 기라
>
> ―「길」[1] 부분

학교 밖으로 나가는 것은 많은 것을 각오해야 하지만 그것 또한 인생에 놓인 하나의 길이자 선택이다. "난 뭐가 되지? 뭘 할 수 있지?/어느 길로 가야 하지? 길은 있을까?"라고 묻는 화자에게 "큰 사거리 케이마트에 갔다 오"라는 엄마의 엉뚱한 심부름은 새로운 사실을 깨닫게 한다. 자기만의 우물에서 나와 거리로 나서면 여러 갈래의 길이 나오고, 가다 보면 없던 길도 생기고, 가다가 막혀서 돌아서면 못 보고 지나친 길이 새로 보인다는 사실이다. 선택의 여지 없이 정답처럼 주어지는 '학교'라는 하나의 길 말고도 세상은

---

[1] 김애란, 『난 학교 밖 아이』, 창비교육, 2017, 43면.

수많은 길을 품고 있다. 자기만의 방에서 나와 헤매고 부딪치며 걷는 이에게 세상은 다른 길을, 숨겨진 길을, 지나친 길을 여러 갈래로 펼쳐 보인다. "어디든 길은 쌔고 쌘 기라"라는 엄마의 말은 화자를 자기만의 우물에서 나오게 하는 환한 빛이 된다.

　　　멈추면 벽이지만 나서면 길이다. 그리고 그 길에 나만 있는 것이 아니다. 이 시집에는 "학교를 다녀야 하는 많은 이유보다/학교를 그만두어야 하는 단 한 가지 이유가/더 절실"(「절실한 이유」)해서 학교 밖으로 나온 아이들이 여럿 등장한다. 시인은 제각각인 다섯 청소년 "미란이, 예린이, 채은이, 승연이, 정우"의 절실한 사연을 엮어 하나의 서사로 만들어 낸다. 학교 폭력, 왕따, 도둑 누명, 공부 스트레스, 중증 아토피 등 학교를 그만둔 이유는 다양하지만 검정고시 학원에서 만난 이들은 '오총사'가 된다. 이들은 서로의 상처를 이해하고 위로하며 서로에게 울타리가 됨으로써 학교 바깥에 새로운 돌봄의 관계를 만들어 간다. 이 새로운 관계 맺기 덕분에 아이들은 "상처 난 발들이 모여/별을 만들"(「별」) 수 있다는 믿음을 갖게 된다.

　　　이 시집에서 눈길이 가는 또 하나의 서사는 '애완돌 돌보기'라는 자기 돌봄 이야기다. 길에서 주워 온 돌에 '미래'라는 이름을 붙이고 정성껏 돌보는 이야기는 자기 자신과의 관계 맺기에 대한 우화이다. "같이 잘 친구가 있어서 참 좋다"(「잠꾸러기 미래」)라고 하다가 "나를 닮아 보기 싫은 미래"(「미래를 가두다」)라고 외면하던 화자는 미래 몸의 오돌토돌한 표면을 발견하고는 "말없이 잠만 자던 너에게/이런 아픔이 있었구나"(「미래를 깨우다」)라며 위로를 건넨다. 그런데 이 자기 돌봄의 서사는 자기 자신과의 화해에서 끝나지 않는다.

> 상처 난 우리를 꺼안듯
> 가만히 미래를 안아 봅니다
> 두 손 안에 폭 안긴 미래
> 우리들 심장이 요만할까요?
>
> 미란이 예린이 채은이 정우 혜영이
> 수빈이 지우 은수 승연이
> 우리는 돌멩이만 한 심장을 안고
> 데굴데굴 굴러서라도
> 저 먼 미래를 향해 갈 겁니다
>
> 상처 난 심장을 꺼안고
> 데굴데굴 굴러가는 우리를
> 누군가 슬쩍만 밀어 주어도
> 우리는 힘껏 굴러갈 테지요
> 가서 상처투성이인 미래일지라도
> 가만 꺼안으렵니다
>
> ―「미래를 꺼안다」[2] 부분

"온통 흠집투성이인 애완돌 미래는/우리를 닮았습니다"라고 말하는 화자는 자신을 투사해 왔던 미래에게서 '우리'를 발견한다. 자기 돌봄은 자신의 존재 조건을 성찰하는 것에서 시작되지만, 그 성찰은 세상의 다른 존재들을 이해하고 위로하며 손잡는 것으로 나아간다. 마음 깊은 곳의 상처를 돌보는 일은 내 바깥의 존재들을

[2] 김애란, 앞의 책, 2017, 136~137면.

돌보는 일과 함께 이루어질 때 성공한다. 아이들이 학교에서 병들었던 것은 "교실 뒤에 앉아/머리는 없고 몸통만 있는 친구들 보는 것이/끔찍"(「민들레학교」)해서였다. 외로움에서 벗어나기 위해 학교를 떠났다가 더 큰 외로움과 마주했지만, 결국 외로움에서 다시 벗어나게 해 준 것은 또 다른 타자, 그리고 세상과의 연결이었다. '우리'의 상처를 껴안고 '우리'의 심장을 가늠하면서 비로소 세상을 향해, 미래를 향해 힘차게 굴러갈 수 있게 된 것이다.

2. 돌봄의 역할 분담과 십 대 여성의 삶

흔히 청소년기를 육체적·정신적 변화를 겪는 과도기로 규정하지만, 청소년 당사자에게 이 시기는 가난, 질병, 차별, 폭력, 죽음과 같은 삶의 조건을 살아 내야 하는 현재이자 현실이다. 청소년의 현실 역시 우리 사회의 모순이나 차별과 무관하지 않으며, 오히려 청소년이라는 신분은 그러한 문제에 더욱 노골적으로 대면하게 한다. 김애란의 두 번째 청소년시집 『보란 듯이 걸었다』에는 차별받는 청소년, 그중에서도 십 대 여성들의 이야기가 중점적으로 담겨 있다. 시인은 이들이 어떤 차별을 겪고 있는지 구체적으로 보여 줄 뿐 아니라 그러한 차별을 인식하고 그것에 대응하는 십 대 여성의 목소리에 귀를 기울인다.

정상 가족 이데올로기와 결합한 가부장적 문화는 사적인 생활 공간에서 차별을 일상화한다. 식탁에서 오가는 습관적인 말부터 성 역할 분담에 이르기까지 오랫동안 굳어진 차별은 집안에서 재생산된다. 김애란은 십 대 여성 화자가 인식하는 불평등한 여성의 삶을 '쪼그리고 앉은 자세'로 형상화한다. 화자의 눈에 비친 성인 여성들은 채소를 다듬고 나물을 무치느라 늘 쪼그려 앉아 있고 가정 폭력에서 도망쳐 나온 후에도 대문 밖에 쪼그려 앉아 있다. "그녀들은 저렇게 앉는 게/버릇이 되었다"(「앵두술」)라고 객관화하게 된 화자는 여성으로서 자기 삶의 걸음걸이를 스스로 결정하기로 다짐한다.

> 엄마도 종종 여자애 걸음걸이가
> 그게 뭐냐고 야단친다
> 같이 어디를 갈 때면
> 여자답게 걸으라고 면박을 준다
> 그럴 때 난
> 두 팔을 힘차게 흔들며
> 더 씩씩하게 걷는다
> 무릎을 쭉쭉 펴고
> 빠르게 걷는다
> 이게 내가 이 세상을 살아가는
> 나만의 방식이라는 듯이
> 여자다운
> 나다운
> 꽤 괜찮은 방식 아니냐는 듯이
>
> ―「여자답게 걸어라」[3] 부분

3 김애란, 『보란 듯이 걸었다』, 창비교육, 2019, 10~11면.

"여자답게 걸어라"라는 것은 '여성다움'이라는 전형적인 젠더 관념을 강요하는 것이다. 걸음걸이 하나에도 성별에 따른 적절함을 부과하는 문화는 오히려 여성들 사이에 내면화되어 있다. 그럴 때마다 "두 팔을 힘차게 흔들며/더 씩씩하게 걷는" 화자는 사소한 몸짓이나 행동 하나에서부터 그러한 고정 관념에 굴복하지 않겠다는 의지를 보여 준다. "이 세상을 살아가는/나만의 방식"은 여자답다 또는 그렇지 않다는 세상의 평가와 상관없는 "나다운" 것이다. 스스로 선택하고 당당하게 관철한 걸음걸이에 대해 "여자다운/나다운/꽤 괜찮은 방식"이라고 평가하는 화자의 모습은 자신의 개성적인 생각과 고유한 몸짓을 성별 프레임에 욱여넣지 않겠다는 십대 여성의 주체성을 보여 준다.

    이 시집의 여성 화자들은 학교나 가정에서 당연하다는 듯이 반복되는 일에 의문을 제기한다. 남자는 축구, 여자는 피구가 공식인가?(「양성 불평등」) 체육 선생님은 여자가 하기엔 안 좋은 직업인가?(「캡숑」) 왜 바지통은 놔두고 치마 길이에만 벌점을 주는가?(「이상한 벌점」) 여자애는 급식을 많이 먹으면 안 되는가?(「밥 많이 주세요」) 이러한 질문들은 여성에게 강요되는 일상의 규칙과 질서에는 어떠한 일관성도, 근거도 없다는 것을 인식하게 해 준다. 퇴근한 엄마가 저녁밥을 하는 동안 소파에 누워 재촉만 하는 아빠에게 "그렇게 배고프면 아빠가 생선 구우면 되잖아!"(「시험 전야」)라고 응수하는 화자는 부당한 현실을 그냥 수용하지 않기로 한다. 하지만 어린 화자가 상대하기에 현실은 그렇게 만만하지가 않다.

    버티고 버티다
    엄마 집으로 도망쳤다

때로는 자식도 부모를
선택해야 할 때가 있다
나는 친아빠가 아닌
새아빠를 선택했다

트럭 운전사인 새아빠는
내게 욕을 하지도
날 때리지도 않는다
엄마랑 나를 트럭에 태워
놀러 가기도 하고
예쁜 얘가 내 딸이라고
사람들한테 자랑도 한다
새아빠가 진짜 내 아빠다

—「진짜 아빠」[4] 부분

이 시의 화자는 "입술이 터지고" "앞니가 부러"질 때까지 아빠의 가정 폭력을 버티다가 간신히 도망쳐 나왔다. 참고 버틴 시간 동안 화자의 내면에는 수많은 질문이 생겨났을 것이다. '난 잘못한 게 없는데 왜 맞는 걸까? 아빠는 자식을 때려도 되는 걸까? 그래도 아빠니까 같이 살아야 하는 걸까?' 정상 가족 이데올로기는 '그래도 가족이니까'라는 이유로 다른 삶의 가능성을 차단한다. 화자는 이 올가미에서 벗어난 후에야 '선택'에 대해 생각할 수 있게 된다. 욕과 폭력이 아니라 사랑과 존중이 가족의 전제라면 "자식도 부모를/선택해야 할 때가 있다"라고 깨닫는다. 당연한 의무로 주어지

[4] 김애란, 앞의 책, 2019, 50~51면.

는 가족이 아니라 서로를 아끼고 사랑하는 적극적인 노력으로 만들어 가는 가족을 선택한 화자는 "새아빠가 진짜 내 아빠"라고 당당히 선언한다.

　　이 시집에서 현실의 모순을 끊어 내고 새로운 연결을 찾아내는 출발점에는 종종 '미안함'이라는 감정이 보인다. 아픈 아빠를 대신해 가장이 된 화자에게(「미안하데이」), 자기 아이를 돌봐 주는 엄마에게(「싱글 대디 맘」), 세상을 떠난 옆집 언니에게(「선화 언니」), 말라 죽은 봉숭아에게(「미안해」), 자기 자신에게(「그날」) 미안하다는 말이 건네진다. 미안함은 누군가에게 짐이 되었다는 죄의식이나 다른 이의 아픔을 돌보지 못했다는 자책으로 나타난다. 각자의 삶이 다른 누군가의 삶과 무관하지 않다는 감각에서 비롯된 미안함은 불안함과 다르다. '불안不安'이 주어진 상황에 대한 수동적 감정이라면 '미안未安'은 자발적으로 느끼는 감정이다. 김애란의 시에서 미안함은 자기 자신을 포함하여 자신과 연결된 타자의 삶이 편안하지 못함을 걱정하는 마음이며, 이 마음은 편안함에 이르지 못한 결핍을 채우기 위해 우리가 함께할 수 있는 일을 모색하게 한다.

3. 취약한 존재로서의 돌봄 주체*

김애란의 또 다른 청소년시집 『열여덟은 진행 중』은 열여덟 살이지만 일찌감치 어른이 될 수밖에 없는 처지의 청소년들이 화자로 등장한다. 그들은 법적 보호가 필요한 청소년이지만, 거꾸로 누군가의 보호자 역할을 맡게 되면서 돌봄 노동의 고단함과 보람을 온

* 이 장의 내용은 『열여덟은 진행 중』에 수록된 해설 「서로를 돌보며 성장하는 삶」의 일부를 가져와 수정·보완한 것임을 밝힌다.

몸으로 체득한다. 그들은 자신의 꿈과 성장에 투자할 시간을 헐어 가족을 돌보는 데 써야 하는 상황에 놓인다. 익숙하지 않은 돌봄 노동과 불안한 경제 사정도 버겁지만, 그들에게 정말 견디기 힘든 것은 시간과의 싸움이다. "얼마나 벚꽃이 지고 또 피어야만"(「벚꽃」) 할머니가 일어날지, 내가 학교로 돌아갈 수 있을지 알지 못한 채 끝이 보이지 않는 현실을 감당해야 하기 때문이다.

>똥 묻은 옷을 빨면서 나는 생각한다
>내가 아기였을 땐 할머니가 이렇게
>내 옷을 빨아 줬겠구나
>안 먹겠다는 밥을 억지로 떠먹이면서도 생각한다
>입 짧은 나 때문에 힘들었겠다
>쓰레기통에 숨긴 반찬을 꺼내면서는
>할머니만 이 세상에서 숨지 마
>
>하루아침에 이럴 수 있게 된 건 아니다
>할머니 아픈 지 꽤 오랜 시간이 흘렀다
>정신 오락가락하는 할머니를 돌보는 건
>전 과목 1등급을 맞는 것만큼 힘들다
>어쩌면 그보다 훨씬 힘들 거다
>힘들어서 생각을 고쳐먹었다
>
>―「가족을 돌보는 방법」[5] 부분

[5] 김애란, 『열여덟 진행 중』, 창비교육, 2024, 24면.

돌봄은 의무나 책임으로 주어지는 경우가 많지만, 누군가를 돌본다는 것은 그 사람을 이해하는 과정이기도 하다. 평소 자신을 돌봐 주었던 이들이 거꾸로 돌봄의 대상이 된 낯선 상황은 관계에 대한 새로운 성찰의 기회를 가져다준다. 아기가 되어 버린 할머니를 돌보는 이 시의 화자는 "똥 묻은 옷을 빨"고 "안 먹겠다는 밥을 억지로 떠먹이"고 있는 자신의 행위가 예전에 할머니로부터 받았던 돌봄이라는 것을 깨닫는다. 자신도 한때 누군가의 돌봄에 의존하였다는 것, 그 힘으로 지금의 자신이 되었다는 것은 우리 모두가 돌봄의 수혜자라는 사실을 일깨운다. 이 시에서 화자는 돌봄의 순환 속에 놓인 자신의 위치를 인식하고 돌봄 그 자체의 가치를 찾아내고 있는 것이다.

이 시집의 또 다른 축을 이루는 것은 열여덟 살에 부모가 된 청소년들의 이야기다. 제도적으로나 사회적으로 '청소년'과 '부모'는 대개 겹치지 않는 범주로 여긴다. 이러한 고정 관념에 반하는 청소년 부모는 축복과 비난, 기쁨과 두려움, 선택과 책임, 학업과 육아 사이의 갈등을 온몸으로 겪어 내야 한다. 이들은 "우리가 잘하고 있는 거야?"라는 불안감 속에서 "잘 살겠다고 큰소리도 치고"(「살얼음판」) "변화에 잘 적응하는 중이"(「목소리」)라고 믿으며 부모가 되는 일에 뛰어든다.

어느 날 갑자기
나보다 열일곱 살 어린 생명체가
포대기에 싸여 내게로 왔다
드리블하고 슬램 덩크 하고 킥복싱 하던
내 커다란 손으로 만지면
부서질 것 같은 태초

(중략)

그래, 새싹이 쑥쑥 자라나
아름드리나무가 된다면 못 할 것도 없지
싶다가 또

내 나이 열여덟
나야말로 더 자라서
나무든 뭐든 되어야 하는 거 아닌가?
생각하다 보면 떡잎처럼 화들짝
솟구치는 사레

— 「새싹」[6] 부분

아빠가 된 화자는 "나보다 열일곱 살 어린 생명체"를 보며 경이로움을 느낀다. 생명을 책임지기 위해 학업과 알바와 육아에 숨 막히는 하루하루를 보내던 화자는 문득 "나야말로 더 자라서/나무든 뭐든 되어야 하는 거 아닌가?"라는 질문과 마주한다. 생각해 보면 "더 자라서/나무든 뭐든 되어야 하는" 것은 청소년 부모 자신의 과제이기도 하다. 아기를 돌보는 일과 자기 자신을 돌보는 일이 시간을 나눠 쓰는 싸움이 아니라 '우리'의 시간을 가꾸는 동행이라는 것을 알기까지는 시간이 더 필요하다. "부서질 것 같은 태초"가 "몽고점처럼 새파란 새싹"이 되도록 동동거린 시간 속에는 "새싹이 쑥쑥 자라나/아름드리나무가" 될 자신의 성장도 겹쳐 있다. "떡

[6] 김애란, 앞의 책, 2024, 47~49면.

잎처럼 화들짝/솟구치는 사례"는 당장의 불안과 초조함에서 뿜어져 나온 것이지만 고통스러운 기침을 뱉어 내고 나면 그때는 자신의 이야기를 할 수 있게 될 것이다.

　　우리는 이 시집의 곳곳에서 자신의 정체성을 인정하고 남들 앞에서 당당하게 자기 이야기를 하는 목소리를 들을 수 있다. "나는 용감한 그녀와 용감한 그녀가 낳은/아이와 함께 살고 있습니다"(「용감한 그녀」), "그냥 우리대로 살기로 했습니다"(「우린 우리대로」), "보육원 출신입니다"(「화살 뽑기」), "나는 코다입니다"(「불쑥」)라고 말하는 목소리, 그리고 '건강하고 안전한 현장 실습을 바라는 특성화고 학생과 졸업생 7대 선언 및 3대 요구'(「달달」)를 달달 외우는 목소리. 이 목소리가 자기 내면에서 울려 나와 세상에 들리기까지 가족과 친구와 이웃을 살피고 자신을 돌보며 삶을 가꾸는 열여덟 살 돌봄 주체의 시간은 멈추지 않을 것이다.

4. 나가며

김애란의 시선이 머무는 곳에는 이 사회가 구획한 범주를 넘나드는 청소년의 다양한 삶이 펼쳐져 있다. 청소년은 흔히 가정과 학교와 사회에서 돌봄을 받는 존재로 규정되지만, 김애란 시의 화자들은 그러한 표준적 형태로 포착되지 않는 소외된 곳에서 개별적인 삶을 살아 내고 있다. 사회적 돌봄이 결핍된 자리에 '청소년'이라는 정체성이 약점처럼 더해진 그곳은 어쩌면 우리 사회에서 편견과 차별이 가장 공공연하게 지배하는 곳인지도 모른다. 그러나 취약하고 무방비한 그곳은 경쟁이나 성공 법칙에서 벗어나 상호 의

존적 돌봄을 통해 성장할 수 있는 자리가 되기도 한다. 김애란의 시를 읽으면 공식적인 돌봄의 끈이 끊어진 현실에서 오히려 다른 돌봄의 가능성을 찾고 스스로 돌봄의 주체로 성장하면서 이 세상에서 자신의 위치와 역량을 찾아가는 청소년의 모습을 발견할 수 있다.

돌봄을 받는 이와 돌보는 이는 고정되어 있지 않다. 청소년은 돌봄을 받는 존재, 성인은 돌봄에서 자립한 존재라고 못 박을 수 없다. 김애란의 시가 보여 주는 십 대들의 고통과 환희는 나이와 상관없이 모든 인간이 경험하는 삶의 모습이다. 우리는 누구나 미숙하며 언제나 미완의 상태로 진행 중이다. 성장은 자신의 취약함을 극복하고 홀로서기에 성공하는 것이 아니라 각자의 취약함을 공유하고 돌봄을 주고받으며 서로를 어른으로 만들어 주는 일에 동참하는 것이다. 김애란이 청소년시를 통해 보여 준 돌봄으로 연결된 삶은 서로 의존함으로써 홀로 존재할 수 있다는 것을 알아가는 우리 모두의 성장기라 하겠다.

우리가 만난 청소년시
사회 김성규 패널 오은 유현아

대화

청소년시 화자와
독자 사이에서

우리가 만난 청소년시

사회

김성규

패널

오은

유현아

시인, 출판사 걷는사람 대표. 2004년 『동아일보』 신춘문예 시 부문에 당선되며 작품 활동을 시작했다. 시집 『너는 잘못 날아왔다』, 『천국은 언제쯤 망가진 자들을 수거해가나』, 『자살충』 등을 펴냈다. 창비청소년시선 기획위원으로 활동했다. 모든 게 낯설고 어려운 시기를 보다 평온하게 넘어서기를 바라는 마음으로 청소년시를 기획하고 있다.

시인. 2002년 『현대시』로 작품 활동을 시작했다. 시집 『없음의 대명사』, 청소년시집 『마음의 일』 등을 펴냈다. 미래의 나를 떠올리기 위해서는 지금의 나를 잘 알아야 하고, 지금의 나를 더 잘 이해하기 위해서는 과거의 나를 들여다봐야 한다. 그게 청소년시를 읽고 쓰는 이유다.

시인. 2006년 전태일문학상을 받으며 작품 활동을 시작했다. 시집 『아무나 회사원, 그밖에 여러분』, 『슬픔은 겨우 손톱만큼의 조각』, 청소년시집 『주눅이 사라지는 방법』 등을 펴냈다. 시가 아무것도 이루어 줄 수 없지만, 그럼으로써 시는 곁에서 곁으로 퍼지는 따뜻한 바람이라고, 여전히 응원해 주는 누군가가 있다는 믿음 비슷한 것이라 생각하며 쓴다.

대화

* 이 대화는
2024년 7월 22일
서울 서교동 창비교육에서
이루어졌다.

김성규

안녕하세요. '청소년시'라는 갈래가 2010년 박성우 시인의 『난 빨강』(창비)으로 시작된 이래로 십오 년이 흘렀습니다. 그동안 청소년시의 가능성을 본 여러 출판사에서 청소년들의 정서와 고민을 담은 청소년시집을 펴냈습니다. 그중 출판사 창비교육에서는 2015년에 청소년시집 시리즈인 '창비청소년시선'을 출범하여 지금까지 꾸준히 출간하고 있고 올해로 50번째 시집을 맞았다고 합니다. 오늘 대화는 청소년시가 걸어온 발자취를 돌아보고, 청소년시집을 읽은 청소년 독자들의 감상은 어떠한지, 앞으로 어떤 청소년시집이 출간되었으면 하는지 등 청소년시집에 대한 전반적인 이야기를 시인들의 경험을 토대로 이야기해 보려 합니다. 그래서 청소년시집을 통해 독자들을 활발히 만나고 있는 오은, 유현아 시인 두 분을 모셨습니다. 자리해 주셔서 고맙습니다.

오은

20년 넘게 썼는데 여전히 시 앞에서는 안절부절못하지만 시에 대한 이야기를 나누는 것은 언제나 즐겁네요. 초대해 주어서 고맙습니다.

유현아

『주눅이 사라지는 방법』(창비교육, 2020)에 대한 이야기를 나눌 수 있어 기쁘고 떨리네요.

'나'와 세상을 이어주는 책이라는 다리

김성규

먼저 시인의 청소년 시절이 궁금합니다. 어떤 청소년기를 보내셨는지, 책은 많이 읽으셨는지 여쭤 보고 싶습니다.

오은

저는 책이 가장 가까운 친구였던 것 같아요. 초등학교 때는 셜록 홈즈하고 괴도 뤼팽을 좋아해서 당시에 출간된 모든 책을 다 읽은 것 같아요. 고등학교에 들어가니까 학습 분위기가 확연히 달라지더라고요. 그런데 자율 학습 시간이나 수업 시간에 몰래 읽는 책이 진짜 재미있잖아요. 독서가 가장 즐거웠던 시기가 어쩌면 고등학교 시절이 아니었을까 싶어요. 어쨌든 학창 시절에 문학은 공부하는 것이었고, 그래서인지 제가 시인이 될 거라는 생각은 한 번도 해 보지 못했어요.

유현아

유년 시절에는 교과서 이외에 책을 거의 접해 보지 못했던 것 같아요. 고등학교 올라가서는 하이틴 로맨스와 순정 만화를 많이 읽었고요. 저는 열아홉 살에 직장인이 됐는데, 일년 선배였던 언니가 선물로 준 책이 『전태일 평전』이었어요. 그땐 '어느 청년 노동자의 삶과 죽음'이라는 제목이었죠. 그걸 하루 만에 읽었어요. 책을 읽고 회사를 둘러보니 부당한 것들이 보이기 시작했어요. 차별이나 계급 문제를 다룬 철학서, 역사서들을 조금씩 찾아 읽기 시작하면서 답답했던 것들이 해소되었어요. 그때까지는 문학에 대해서 크게

↓ 오은

관심 있지는 않았어요.

김성규

제 이야기도 보태 보자면, 저는 옥천에서 자랐는데 어릴 때는 그 농촌을 벗어나는 게 꿈이었어요. 그곳을 벗어날 방법은 공부를 열심히 하는 것이었어요. 고등학교에 가면 야간 자율 학습을 하잖아요. 밤 늦게까지 교실에 갇혀 있어야 하니 주로 책을 읽었어요. 책이 답답한 학교생활에서 벗어나는 탈출구였던 것 같아요. 신경림 선생님의 『농무』(창비, 1975)를 읽고 굉장히 감동하였던 기억이 납니다. 그때 작가가 되어야겠다고 생각했어요. 그러니까 글이라는 것이 저에게는 공부와 답답한 현실로부터 도망가는 도피처였어요.

나의 첫 청소년문학

김성규

저희 셋 다 책과 아주 거리가 먼 청소년기를 보내지는 않았지만, 그렇다고 청소년을 대상 독자로 한 '청소년문학'을 접할 기회는 없었던 것 같아요. 두 분은 언제 청소년문학을 읽으셨는지 궁금합니다.

유현아

2008년쯤 일을 잠깐 쉰 적이 있었는데 제가 사는 동네에 어린이 도서 연구회가 있다는 것을 알게 되었어요. 딸이 어렸으니까 어린이책 읽기 모임을 간 거예요. 도대체 이 아이에게 어떤 책을 읽어 주면 좋을까 궁금해서요. 그렇게 노원 지회에서 일주일에 한 번 어린이책을 읽고 토론을 하고 의견을 나누게 되었어요. 그땐 주로 외국 어린이책을 읽었죠. 또래 아이를 키우는 엄마들이어서 아이가 자라 청소년이 되니 모임도 같이 성장하더라고요. 함께 읽는 책도 어린이책에서 청소년책으로 바뀌었고요. 당시 『완득이』(창비, 2008)를 읽고 모두가 큰 충격을 받았던 기억이 나요. "청소년소설이 삶을 과장하지 않고 이렇게 현실적으로 그려 내도 되는구나!" 이런 이야기를 많이 했었죠.(웃음) 그때부터 국내 청소년소설을 많이 찾아 읽었어요. 과거에 청소년이었던 어른들이 먼저 읽고 청소년에게 권하는 활동도 했고요.

오은

시를 본격적으로 쓰기 시작한 2004년부터 시집도 소설도 보이는 대로 읽기 시작했어요. 개중에는 청소년문학으로 분류되는 책들도 꽤 있는데요. 가령 『위저드 베이커리』(창비, 2009)는 읽고 한국에서 이런 책이 나올 수 있다니 굉장히 놀랐어요. 우리가 청소년문학을 이야기할 때 많이 사용하는 수식 중 하나가 '성장 문학', '성장 소설'이잖아요. 성장한다는 것을 보여 주는 데에는 이야기가 필요하구나, 그 이야기가 사람마다 각기 다르게 다가가겠구나, 성장은 어른이 된다고 해서 끝나는 것이 아니겠구나, 하는 생각이 들어서 청소년소설을 많이 읽었어요. 청소년 시기를 다시 겪는 느낌도 들었지요.

김성규

오랫동안 한국문학에 엄숙주의가 지배했다고 생각합니다. 그러다 보니 한국소설은 있거나 있을 법한 이야기만을 소재로 삼은 경우가 많았고요. 과거에는 청소년이란 어린이하고 어른 사이의 애매모호한 존재이고, 청소년기는 직업을 가지기 위해서 공부하거나 기술을 습득해야 하는 때라고 생각했던 것 같아요. 그래서 청소년을 위한 '놀이'라는 게 없었죠. 베이비붐 세대를 거쳐 청소년 인구가 늘어나면서 그들의 수요를 충족시키려는 노력이 생겨났어요. 독자 층이 넓어지면서 한국 청소년소설이나 소설에 장르 문학적인 요소가 가미되기도 했어요. 환상성이라든지 판타지 기법이 차용되었지요. 90년대 이전까지 그런 작품을 쓰면 현실 인식이 부족한 작가라고 봤어요.

오은

제가 학교 다닐 때만 해도 아동문학과 성인문학만 있었어요. 교과서에서 우리가 시도 배우고 소설도 배우고 고전 시가도 배우니까 청소년문학이 따로 존재할 필요가 없다는 분위기였던 것 같아요. 독서도 공부해야 할 시간에 취미 생활하는 것으로 여겨져 지금처럼 좋은 평가를 받지 못했던 것 같아요. 그렇다 보니 사회 분위기에 맞춰서 청소년 도서 시장 자체가 굉장히 위축되어 있었다는 생각이 듭니다.

김성규

점차 청소년소설이 하나의 시장으로 형성되니까 출판사들이 앞다퉈서 출간하기 시작한 것 같습니다. 청소년소설은 재미와 유희적인 느낌이 강했어요. 장르적 특성도 도입되었고요. 그리고 다른 소설보다 판매량이 많았어요. 여러 출판사에서 청소년 장편소설을 공모하는 청소년문학상도 많이 제정했지요.

유현아 2008년도쯤에 어린이 도서 연구회랑 어린이책 시민 연대가 굉장히 활발하게 활동했어요. 그 당시에 자녀를 키우던 어머니들이 좋은 어린이책과 청소년책을 발굴하고 찾아 읽으면서 두 시장이 확장된 것이 아닐까 합니다. 자녀가 청소년이 주인공인 문학 작품을 읽으면서 사회 전반의 모순에 점차 관심을 가지게 되고, 시민에 대한 역할을 고민하게 되니까요. 책을 발굴하고 알리는 과정에서 시민 단체의 역할이 크지 않았을까 합니다.

청소년시 독자를 찾기 위해서는

김성규 아동이라는 개념이 그런 것처럼 청소년이라는 개념도 어떻게 보면 근대 이후에 나온 것이거든요. 그래서 처음에는 청소년시가 꼭 필요하냐는 목소리도 있었어요. 저는 청소년시가 굉장히 중요하다고 생각하거든요. 청소년기는 분명히 존재하는데 그에 대한 소설은 나오고 시는 없다, 이것이 좀 이상하게 느껴져요. 다만 청소년소설은 한 분야로 완전히 정착했고 그 특성이 다른 장르에까지 영향을 미친다고 생각하는데, 청소년시는 아직까지 다른 분야에 영향을 끼칠

정도로 확산되지 않은 것 같아요. 그 이유가 무엇일까요? 시집에 대한 인기가 과거보다 많이 떨어졌는데 청소년시에도 그 영향이 미치는 것일까요?

유현아

박성우 시인의 『난 빨강』을 읽고 나선 되게 서럽다는 생각이 들었어요. 신지영 작가님이 쓰신 『넌 아직 몰라도 돼』(북멘토, 2012)도 있었는데 그 시집 참 좋았어요. 청소년시는 읽는 독자층을 발견하기가 어려워서 그러지 않았을까 합니다. 학생들은 교과서에 있는 시 읽는 것도 힘들어하니까요. 청소년시를 교과서에 있는, 학습을 위한 시처럼 생각해서 막연히 어렵게 여기는 분들도 더러 있더라고요. 저도 청소년시집 제안을 받았을 때 참 막연했어요. 그러나 한편으로 나의 청소년기를 청소년과 함께 읽는, 그런 시를 써 보고 싶기도 했어요.

오은

동의해요. 그래서 오히려 자유로운 해석이 가능하게 만들어 주면 아이들이 정말 잘 읽더라고요. 『마음의 일』(창비교육, 2020) 시집에 딱 한 편 부모님 시선으로 쓰인 시가 있어요. 「네가 떠나고」라는 시예요. 세월호 유가족을 다룬 다큐멘터리 영화를 보고 그들을 생각하며 썼어요. 그런데 아이들은 그 시를 자기들 시선으로 읽고 저마다 다르게 해석하는 거예요. 그들에게 시 속 '너'는 전학 간 친구, 반려동물 등 각자에게 소중한 존재가 되는 거지요. 그때 시에서 하나의 생명이 새로 태어나는 경험을 했어요. 그런 부분을 틀렸다고 하지 않고 하나하나의 해석이나 이해를 북돋아 주는 분위기가 있으면 좋겠어요. 아울러 아이들이 자기 의견을 밝히는 일, 한 편의 시를 변형해서 자기만의 방식으로 새로 시를 써 보는 일, 나아가 그에 대해 토론하는 일이 훨씬 더 활발해지면 좋겠습니다. 시를 읽고 소감을 나누면서 세상엔 참 많은 사람이 있고 앞으로도 더 많은 선택을 하면서 자신이 성장해 나갈 수 있겠다는 것을 어렴풋이 느끼게 해 주는 것, 그것이 청소년시가 할 수 있는 일이 아닐까 합니다.

유현아

맞아요. 시를 '시험 문제'로 접근하는 게 아니라 '읽는 작품'으로 접근하는 것이 중요해요. 우리는 시를 감상하지 않고 자꾸 해석하려 하잖아요. 저도 이걸 바꾸는 데 오래 걸렸어요. 물론 지금은 이런 읽기 방식이 많이 사라지고 있기는 합니다. 저는 청소년시집이 독자를 자꾸 찾아가서 같이 이야기해야 한다고 봐요. 개인이 혼자 힘으로 하기는 힘들어요. 그래서 다양한 분야에서 청소년들이 시와 이야기를 통해 스스로를 발견할 수 있도록 예산을 투여해 줬으면 좋겠어요. 청소년시를 통해 아이들 삶에 맞고 틀리다가 없다는 것을 전해 주면 좋겠는데 말이죠.

청소년시를 쓰다

김성규

초창기에 청소년시 하면 왠지 교훈적이고 계몽적일 것 같은 인상이 있었습니다. 이것이 청소년시 확산의 큰 걸림돌이 되지 않았나 합니다. 그 인식을 바꾸고 싶었던 것이 창비청소년시선 시리즈였던 것 같아요. 청소년시를 써 보라는 제의가 처음 들어왔을 때 어떠셨어요?

↓ 유현아

유현아

처음에는 청소년시 두 편 청탁이 들어와서 제 이야기를 써 보냈어요. 작품을 발표한 후에 김이구 선생님께서 아주 긴 메일을 주셨어요. 제 시들이 다른 시선으로 보는 시여서 좋았다, 이런 시가 많았으면 좋겠다고요. 그러면서 시집을 꼭 냈으면 좋겠다고 제안을 주셨어요. 그때 할 일이 없어서 "네, 감사합니다." 하고 넙죽 썼어요.(웃음) 무엇보다 저를 대변하는 시를 보냈는데 그것을 읽고 좋아하셨다는 이야기를 들으니 '내 이야기도 지금의 청소년에게도 읽힐 수 있구나.' 가능성을 느낀 거죠. 이를테면 제 시집 『주눅이 사라지는 방법』 중 '엄마의 일기장'이라는 시리즈가 있어요. 첫 번째 시인 「회사 다니는 엄마―엄마의 일기장 1」은 아이가 우산이 없어서 학교에서 엄마한테 전화했는데 엄마는 바빠서 전화를 못 받는 이야기예요. 그게 사실은 저와 제 딸 이야기거든요. 제 경험을 자연스럽게 썼더니 직장 다니는 엄마 독자들이 자기 일 같다고 많이 공감하시더라고요. 출근하면서 읽다가 울었다는 분들도 계셨고요. 청소년시라는 게 청소년의 마음을 대변하기도 하지만 청소년과 함께 살고 있는 어른들도 공감할 수 있구나 깨달았습니다.

김성규

청소년시라고 해서 대상 독자를 청소년에만 한정하지 않아도 좋겠다는 생각이 드네요. 청소년 주변에서 일어나는 어른들의 이야기이지만 보편적으로 다 읽힐 수 있는 작품이면 더 좋겠고요. 오은 시인은 청소년시집 출간 제의가 들어왔을 때 어떤 생각이 들었는지요?

오은

『의자를 신고 달리는』(창비교육, 2015)에 실릴 작품 청탁이 들어왔을 때 한두 번 고사했어요. 청소년시라는 말도 낯선데 대체 어떤 시를 써야 할지를 모르겠어서요. 청소년시라는 게 뭘까, 청소년을 위한 시일까, 청소년을 향한 시일까, 청소년이 읽기에 좋은 시일까, 청소년에게 감동을 주거나 생의 어떤 전환점을 맞이하게 도와주는 시일까, 이런 여러 가지 생각 때문에 복잡했던 기억이 납니다. 고민 끝에 승낙했는데 저의 청소년시집인 『마음의 일』의 서시가 되는 「나는 오늘」을 그때 썼어요. 시집을 쓸 때 딱 한 가지 다짐했던 것 같아요. 청소년을 가르치려 하지 말자고요. '그러면 어떻게 할 수 있을까? 그 시기의 나에 대한 이야기를 해 보자.'라는 결론에 이르렀어요. 왜냐하면 저도 그 시기를 거쳤잖아요. 그래서 청소년시를 읽는 독자가 청소년뿐만 아니라 청소년기를 거친 모든 사람이 되었으면 좋겠다는 바람이 있었어요. 그때 그 시절로 돌아가 보기로 했고 1990년대부터 2000년대 초반까지의 어떤 삶을 톺아보기 시작했죠.

김성규

두 분 다 과거나 현재나 청소년 시기를 겪고 있거나 겪은 이라면 누구나 공감할 만한 이야기를 담고자 애쓰신 것 같습니다. 특별히 전하고 싶었던 메시지나 주제가 있었나요?

유현아

제가 십 대 때 이야기를 터놓고 할 수 있는 어른이 없었어요. 부모님은 집에 안 계셨고, 선생님은 제가 가난하다고 혼내셨어요. 돈이 없으니까 억울한 일들을 학교에서 많이 당했어요. 그 당시에는 특성화고가 아닌 실업계고라고 불렸는데 외부 시선도 그리 좋지는 않았어요. 대학 안 가는 아이들이구나, 이런 말도 들었고요. 이 시집을 읽는 독자 중에 분명히 저와 비슷한 상황에 있는 친구들이 있을 거라고 생각해요. 제 청소년기에 대한 이야기로 시작해 일하는 엄마의 이야기로, 할머니의 돌봄 노동 이야기로 이어지는 연대의 마음들을 썼고 그래서 아이들에게 '이건 너희 잘못이 아니야.'라고 말하고 싶었어요. 또 십 대의 반항이 무언가를 고치고 싶었던 마음, 사회적 모순에 대해 감정을 표현하는 방식이라는 것을 어른들이 좀 이해해 주었으면 하는 마음으로 썼습니다.

오은

유현아 시인 말씀처럼 청소년기에는 위축될 수밖에 없는 일들이 참 많지요. 다 각자의 자리에서 어떤 방식으로든 시달리고 있어요. 청소년기는 너무 불안한 시기잖아요. 청소년기에는 내 마음대로 할 수 있는 것도 없으면서 하라는 건 너무 많고, 시험 한 번에 그리고 어떤 진로 결정 한 번에 인생이 좌지우지될 것 같은 불안감에 휩싸여 있어요. 저도 학창 시절에 마냥 웃고 떠드는 와중에도 마음 한편이 늘 편치 않았던 것 같아요. 공부를 잘하고 못하고를 떠나서, 특기 적성이 분명한 친구와 그렇지 않은 친구 상관없이, 누구든 걱정과 초조로 어느 때고 한 번씩 심신이 들썩일 수밖에 없는 시기라고 생각해요. 투명한 가능성의 이면에 불투명한 불안이 짙게 드리운 시기였던 거죠. 그런 이야기를 시집에서 하고 싶었습니다.

변하지 않는 마음을 담아서

김성규

대개 시인들이 본래 스타일과 다르게 청소년시를 써야 할 것 같다고 생각하더라고요. 두 분은 청소년시를 쓸 때 어떤 방식으로 다르게 접근하려고 했나요?

오은

시를 창작할 때마다 시간 여행을 하는 것 같아요. 평소 쓰는 시가 현재에서 출발해서 과거로 가거나 미래로 향하는 방식으로 시간 여행을 하거든요. 반면 청소년시는 과거에서 출발해서 현재로 오거나 아직 도래하지 않은 미래로 가는 것 같아요. 청소년시가 조금 더 편한 점은 이미 제가 그 시기를 거쳐 왔기 때문이지요. 그 시기의 어떤 것은 추억으로 남아 쓸 거리가 되어 주기도 하고요. 하지만 지금 내가 겪고 있는 것은 한 일 년쯤, 적어도 몇 개월이 지나야 상황이나 감정이 분명해지거든요. 청소년시 같은 경우는 그때의 기억을 소환하는 과정에서 왜곡과 과장과 축소가 있을 가능성이 높지요. 한편, 그때 그 시기의 어떤 장면이 지금에 와서야 밀도 높게 여겨지는 것도 있어요. 지금까지 생생한 장면이라면, 나에게 중요한 것은 물론 그 시기를 거치고 있거나 지나온 이들에게 유의미한 순간이 아닐까 하는 생각이 믿음이 되어 주었습니다.

유현아

정말 공감돼요. 저도 오은 시인과 같은 마음이었던 것 같아요. 누가 요새 특성화고 이야기나 가난한 십 대의 이야기를 좋아할까, 옛날이야기라고 치부하지 않을까, 이런 고민을 많이 했던 것 같아요. 그런데 꼭 그렇지 않다는 사실을 알게 한 경험이 있어요. 어떤 특성화 고등학교 학생의 이야기를 전해 들었는데요. 그 학생이 졸업도 전에 가을부터 회사에 다녔다고 해요. 그런데 자기는 아직 학생이고 등록금도 겨울 학기까지 다 냈는데 왜 여기서 일을 하고 있는지 모르겠다고 하더래요. 또 자기가 회식을 따라가야 하는 게 이상하게 느껴진다고 했대요. 그런데 저도 과거에 그런 생각을 했거든요. 그때도 지금도 우리는 같은 생각을 하는 거예요. 시대도 사람도 바뀌었지만 변하지 않은, 그래서 아직 살피지 않은 십 대의 마음이 있겠다, 과거의 청소년과 지금의 청소년 사이에 공통점이 있겠다, 생각한 다음부터는 비교적 쉽게 제 이야기를 풀어놨던 것 같아요. 공부를 잘하든 못하든 어떤 학교에 다니든 상관없이 마음 통하는 것들이 있다고 생각해요. 그래서 청소년 노동, 돌봄 노동, 사회의 구조적 모순을 십 대의 눈으로 바라보면서도 일상의 다양한 기쁨, 슬픔, 아름다움과 좋은 어른들의 이야기를 담고 싶었어요.

오은

저도 유현아 시인과 비슷해요. 제가 겪은 일을 돌아볼 때 변한 것과 변하지 않은 것 사이를 한번 자유롭게 유영해 보자는 생각이 있었어요. '시절은 변했지만 그럼에도 변치 않는 게 무엇일까?'라는 질문을 두고 시작했던 것 같아요. 그게 어쩌면 이 시집의 실마리가 되지 않을까 싶어서 그때 그 시절의 오은으로 돌아가서 장면들을 떠올리고 거기서 길어 올린 어떤 감정이나 상황들을 현재에 접목하는 방식으로 시 창작을 했던 것 같습니다.

김성규

그러면 청소년시를 쓸 때 표현 면에서 특별히 신경을 쓴 지점이 있나요?

유현아

어떤 시든 고민을 많이 하는 것 같아요. '이 단어를 써도 될까? 더 아름다운 단어가 있을까? 더 적확한 단어가 있을까?' 하는 고민이요. 외려 청소년시를 쓸 때는 편하게 썼던 것 같아요. 당시 조카가 특성화고를 다니고 있었기 때문에 궁금한 것도 많이 물어볼 수 있었어요. 세월이 흘러 제가 모르는 것들이 있는지, 어떤 생각들은 변하지 않았을지 같은 것들요. 변형했지만 그 당시 십 대였던 조카의 눈으로 가족의 이야기를 바라보며 써서 편하게 썼던 것 같아요. 그리고 제 이야기를 누군가가 읽고 좋아해 준다는 그 마음을 받아서 그런지 쉽게 잘 썼던 것 같습니다.

오은

저도 요즘 유행어를 써야 시의적일까, 잠시 고민하기도 했지만 유행어는 낡기 마련이잖아요. 청소년을 완전히 공감하고 있다는 것을 과시하듯 그들이 많이 쓰는 단어를 일부러 쓰지는 말아야겠다고 다짐했습니다. 하지만 제가 어릴 때 경험했던 단어들을 선보이는 건 좋을 것 같았어요. 그 시절의 어떤 감각을 환기할 수 있는 부분은 의도적으로 남겼던 셈이죠. 이를테면 「가능성」이라는 시에 이런 구절이 있어요. "일요일 저녁 때 시내 나가자". 그걸 본 서울에 사는 청소년이 시내에 나간다는 게 무슨 표현이냐는 거예요. 서울은 동네마다 영화관이며 카페며 모든 것이 있지만, 지역은 여전히 시내라는 곳에 나가야만 누릴 수 있는 것들이 있다고 말해 줬어요. 그 말을 듣기 전과 후, 그 친구에게 '시내에 나간다'라는 것의 의미가 확연히 달라졌겠죠?

청소년 독자와 나누는 시심(詩心)

김성규

지금의 청소년들은 대중매체나 SNS, 유튜브, 게임 등 몰입할 거리가 많은데 과연 시인과의 만남에는 어떤 반응을 보였을지 궁금합니다. 두 분은 학교나 지역 도서관 등에서 청소년 독자들과 만날 기회가 많으셨을 것 같은데 그 이야기를 들려주세요.

유현아

저는 주로 서울에 있는 도서관, 중고등학교에 많이 갔어요. 서울의 학교에는 유명한 연사들이 자주 오는 것 같아요. 그래서인지 웬만한 강연자가 가서는 호응이 조금 덜한가 봐요. 학생들 호응이 괜찮은 학교를 보면 선생님들이 굉장히 애를 쓰시더라고요. 학생들 모두 책을 읽게끔 하고 독후 활동까지 하신 사서 선생님도 있으셨어요. 그렇게 만난 학생들은 반응이 훨씬 더 풍성하더라고요. 자기 마음을 다 드러내고 말도 잘하고요.

오은

공감합니다. 책을 읽고 저를 만나는 것과 안 읽고 만나는 것이 크게 달라요. 이를테면 창비교육에 '한 학기 한 시집 읽기' 사업이 있는데요. 학생들이 선생님과 한 학기 동안 천천히 시집을 읽고 토론하고 자기들끼리 이야기를 나누어요. 그리고 난 다음에 제가 그 학교로 강연을 가는 것이죠. 책으로 만난 시간이 켜켜이 쌓여 있는 상태에서 제가 학교에 가면 눈빛부터가 달라요. 학생들은 저와 이미 친밀감이 쌓인 상태인 거예요. 한 학기 동안 읽은 『마음의 일』 쓴 작가라고 하니 당연히 너무 좋아하고요. 어떤 이야기를 하더라도 맥이 통하고 강연도 자연스럽게 흘러갈 수밖에 없어요. 이런 시간 없이 저를 만난 학생들은 시인이라는 정보 말고는 아는 것이 없으니까 당연히 처음에 어떤 접점을 찾기가 어렵죠. 청소년시집을 한 권 썼을 뿐인데 저와 청소년들을 연결해 주는 다리 하나를 얻게 된 것 같아요.

김성규

기억에 남는 학생이 있나요?

오은

"시인님, 아이가 몇 명이기에 우리의 마음을 이렇게 잘 알고 있으신가요?"라는 질문에 저도 모르게 웃음이 터져 나왔던 기억이 나네요. "저는 결혼을 안 했고 아이가 없습니다."라고 대답했어요. 근데 어떻게 이렇게 우리 마음을 잘 아시냐고 눈이 똥그래지더라고요. "저도 여러분 시기를 지나왔으니까요." 하니 아이들이 다 "헉!" 하고 놀라요. 그 친구들은 제 청소년기를 당연히 못 떠올리겠죠. 지금 제 모습에서 어린 오은을 어떻게 떠올리겠어요?(웃음) 그리고 아이들 주변에 학교 안에 갇혀 지내는 것 같은 느낌, 실체 없는 불안에 매일매일 허덕이는 마음, 이런 것들을 헤아려 줄 사람이 많이 없잖아요. 종류는 다를지언정 친구도 나랑 같이 불안에 허덕이는 사람이고, 부모님은 자녀가 힘든 것은 알겠으나 어쨌든 이 시기는 지나갈 시기라고 여기는 사람이고, 선생님은 학생들 잘 졸업시켜서 사회에 내보내야 하는 사람이고, 각자의 역할에 충실한 나머지 '나'의 마음을 헤아려 주는 사람이 없는 거예요. 그런데 저 같은 사람이 짠 나타나서 이런 시집을 통해 "이 시기를 저도 겪었기 때문에 여러분이 지금 어떤 마음인지 너무 잘 알아요."라고 말해 준 거죠. 이렇게 힘듦을 같이 공감해 주는 사람을 만난 것만으로도 기쁜 아이들이 있는 듯해요. 학교 가는 일이 매번 즐거운 이유이기도 합니다.

김성규

유현아 시인은 특성화 고등학교 학생들이나 그곳을 졸업한 학생들에게 시집에 대한 후기를 들으셨나요?

유현아

특성화 고등학교에서는 저를 안 불러요.(웃음) 시집에 대한 특성화고 학생들의 생각과 마음을 들을 기회가 있으면 좋겠어요. 인문계 고등학교에 가서 이 시집을 읽으면 잘 이해를 하지 못하는 경우가 더러 있더라고요. 그렇지만 저는 그런 학생에게도 또 어른들에게도 우리가 생각하는 청소년의

↓ 김성규

모습과 실제가 다르다는 걸 보여 주고 싶었어요. 예를 들면, 시집에 학교 밖 청소년 이야기가 나와요. 흔히 생각하기에 학교 밖 청소년이라고 하면 집안이 불우하거나, 학교에 적응하지 못해서 뛰쳐나온 아이들이라고 생각하잖아요. 그런데 제가 만나 본 학교 밖 청소년들은 흔히 말하는 '모범생'이었어요. 왜 자퇴했는지 물어봤더니 그냥 학교가 싫었대요. 그래서 부모님에게 자퇴하고 검정고시 보겠다고 하니 그러라고 했다는 거예요. 또 청소년 대상 글쓰기 수업에서 두 달 정도 아이들 만나 대화해 보면 제 시집에 나와 있는 이야기와 다르지 않거든요. 그러니까 건강하게 다양한 모습으로 살고 있는 청소년들을 우리는 어쩌면 건강하지 않다고 생각하는 건 아닐까 싶어요.

오은 유현아 시인의 말씀에 생각이 많아집니다. 성인의 세계가 그렇듯, 청소년의 세계 또한 넓고 한 명 한 명이 각자의 우주에 사는 거잖아요. 우주의 일면만 보고 우주 전체를 다 안다는 착각에 빠지면 안 된다는 경각심이 들기도 하고요. 우리가 규준을 만들어 놓고 중학교 3학년, 고등학교 3학년의 삶을 지레짐작할 수 있잖아요. 그런데 거기에 속하지 않은, 속하기를 거부한 청소년의 목소리, 현장의 이야기가 담겨 있어서 유현아 시인의 청소년시집이 너무 귀하다고 생각합니다.

유현아

고맙습니다. 제가 청소년시집을 써야겠다고 생각한 이유 중에 하나도 그런 거였어요. 수능을 보면 온 나라가 수능 보는 고3한테 맞춰져 있잖아요. 근데 분명 출근하는 고3, 열아홉 살도 있단 말이죠. 그런데 뉴스에는 온통 수능 치는 고3만 있는 거죠. 그래서 저도 그 당시에 되게 억울하고 서러웠어요. '나 같은 사람이 사회에 많은데 우리는 그럼 뭐지? 왜 우리에게는 관심을 안 주지?' 생각하면서요. 이런 마음을 간직하고 있어서 청소년시집을 쓸 때 사회에서 안 보이는, 주목하지 않는 아이들을 담으려고 했어요.

김성규

오은 시인의 『마음의 일』이 청소년의 마음을 섬세하게 위로해 주었다면, 유현아 시인의 『주눅이 사라지는 방법』은 어른들의 공감을 많이 산 것 같습니다. 예상하셨나요?

유현아

아니요. 사실 저는 직장 다니는 엄마로서 딸한테 변명하고 싶었어요. 아이가 십 대일 때 왜 너랑 대화를 많이 못 했는지를요. 후회되는 게 한 가지 있는데요. 딸이 고등학생 때 부당한 일을 당해서 기숙사를 나온 거예요. 그때 나무랐는데 나중에야 사정을 알게 된 거죠. 그때 알았더라면 이해해 주고 "잘했어."라고 말해 줬을 텐데 그러지 못해 후회가 됐어요.. 그래서 '일하는 엄마들의 마음을 아이들도 좀 알아주면 좋겠다. 엄마들도 아이 마음을 알아주면 좋겠다.' 하는 마음으로 쓴 시들을 묶어 한 부를 만들었어요. 십 대 아이들은 부당한 것에 대해 자기들 나름의 몸짓을 해요. 우리가 청소년에게 어떤 이야기를 해 주려고 하기보다 아이들의 몸짓을 알아보고 이야기를 들어주는 그런 어른이 되면 좋겠어요. 저의 바람이 통해서인지 『주눅이 사라지는 방법』도 어른들, 특히 일하는 엄마들이 좋아해 주시는 것 같아요. 같은 고등학교를 졸업한 선배가 제 시집을 읽고 너무 좋아서 딸에게 선물했다고 하시더라고요. 이렇게 어른들이 읽고 자녀에게 선물해 주었다는 후기가 많아요.

'다음' 청소년시를 위해서

김성규
청소년시의 역할로 여러 가지가 있겠지만 저마다 다른 처지와 상황에 놓인 독자에게 혼자가 아니라는 사실을 전하고 위로를 전하는 것이 크다고 생각합니다. 그래서 다양한 지역, 세대, 연령, 성별 등을 지닌 작가들의 다양한 목소리가 나오는 것이 중요하고요. 앞으로 어떤 시집들이 나오길 기대하시나요?

오은
더 많은 시인이 청소년시에 동참해 주었으면 해요. 한 사람이 담아낼 수 있는 세계가 자기 자신은 크다고 생각해도 실제로는 우물 하나 정도밖에 안 되잖아요. 자기가 경험한 청소년기 또한 저마다 다르다고 생각하거든요. 그래서 시인들이 각자의 청소년 시기를 이야기하고 다양한 시선으로 청소년 화자의 이야기를 들려주면 좋겠어요. 사실 청소년 시기를 기분 좋게 떠올리는 사람들은 많지 않을 거예요. 마냥 밝거나 멋진 이야기만 나올 수는 없을 것이고요. 그런데 저는 청소년시를 쓰면서 그 시기의 제 마음을 드디어 헤아리게 되었고, 그때 내가 어떤 것에 반응했는지 떠올릴 수 있다는 것만으로도 굉장히 벅차오르는 경험을 했어요. 시인들 각자의 이야기가 자꾸 모이면 청소년문학이 더 다채로워지리라 생각합니다. 한편으로는 청소년의 목소리가 담긴, 지금 청소년인 친구들이 쓴 시선집이 나오면 좋겠어요. 지금 현장의 이야기를 청소년들의 생생한 목소리로 듣고 싶은 바람이 있어요.

유현아

너무 공감합니다. 저도 청소년들의 시를 모음집으로 내는 것 좋은 생각인 것 같아요. 제가 과거에 읽었던 몇몇 청소년시집은 한 학교의 한 반 학생들이 쓴 글들을 묶은 것이라 시선이 다양하지는 않더라고요. 만약에 다양한 청소년들의 눈으로 바라본 지역, 직업, 목소리를 청소년시집으로 묶어낸다면 그 시집이 여러 지역에 있는 청소년을 서로 매개해주는 역할을 하지 않을까 합니다. 그 시집을 통해 어른도 다양한 청소년이 있음을 알게 될 것이고요.

김성규

그렇다면 청소년시가 더 읽히고 창작되기 위해서는 어떤 고민이 필요할까요?

유현아

어른들에게 청소년시가 더 알려지면 좋겠어요. 시인 한 명이 청소년 백 명에게 전파하기는 어렵지만 어른 백 명이 백 명의 청소년에게 전파하기는 쉽잖아요. 청소년들이 청소년시집을 좋아하는 이유가 이해가 바로바로 되고 쑥쑥 들어와서인데 정작 청소년들이 청소년시집을 접할 기회가 많지 않은 것 같아요. 학교나 청소년들이 모이는 곳에서 청소년시를 많이 소개하고 읽어 주는 것도 중요하지만, 어른들한테 청소년시를 많이 읽어 주면 좋겠어요. 그리고 그 어른들이 청소년들한테 전해 주고요.

오은

전적으로 공감합니다. 어른이 읽어도 느끼는 지점, 오히려 어른이 되었기에 더욱 생생해지는 부분이 분명히 있거든요. 자녀와 부모가 함께 청소년시집을 읽는 프로그램도 좋은 것 같아요. 청소년시집으로 독자들을 만나면서 감명받았던 적이 있어요. 강연에 모녀가 함께 오셨는데 『마음의 일』을 같이 읽으셨대요. 시집을 다 읽고 나서 엄마하고 딸이 이야기를 나누었는데 너무 잘 통했다는 거예요. 이 시집에 등장하는 화자의 상황을 보며 엄마는 당신의 학창 시절을 떠올리고 중학교 3학년인 딸은 자신을 겹쳐서 바라본 것이죠. 강연을 해 보면 오히려 어른들이 더 좋아할 때가 있어요. 그렇기 때문에 청소년시집이라는 것이 청소년기부터 시작해서 나이 들어도 읽을 수 있는 문학이라는 것을 알릴 필요가 있지 않을까 합니다.

유현아

청소년소설도 청소년이 먼저 읽어서 장르화되지는 않았던 것 같아요. 어른들이 먼저 청소년소설을 읽고 그것을 청소년들에게 추천하고, 읽히고 하는 과정에서 더 확장되었다고 생각해요. 그래서 청소년시도 확장성을 염두에 두고 지속적이고 주기적인 프로그램이 있으면 좋겠어요. 누구나 참여할 수 있는 행사로요. 청소년단체와 함께 낭독회를 열 수도 있겠고요.

김성규

두 분 다 청소년시집이 나온 지 시간이 조금 흘렀습니다. 앞으로 더 쓰고 싶은 청소년시가 있으신가요? 혹은 청소년시에서 더 다루어지면 좋겠는 주제가 있으세요?

유현아

저는 여전히 사회에 불만이 많은 사람이에요.(웃음) 그래서 쓴다면 '청소년 노동'에 대해 이야기하고 싶긴 해요. 김애란 시인이 청소년 노동에 대한 이야기를 많이 써 주셨는데요. 지금 수많은 아이들이 노동하고 있어요. 근데 우리는 잘 모르잖아요. 여전히 노동에 부정적인 친구들이 많으니까 사회에서 일을 잘하고 있는 청소년들이 많이 드러나면 좋겠어요. 일하는 청소년들 이야기를 들어보면 열악한 회사도 있는 반면에 근로 기준법을 지키면서 청소년 노동자를 잘 대우하는 회사도 있거든요. 시가 현실의 문제를 모두 해결할 수 있는 것은 아니지만 사회의 이면을 조금씩 드러내는 과정들을 함께하고 싶은 마음이 있습니다. 또 기회가 된다면 시집 속 「불면의 이유」에 나오는 '희정'처럼 아이돌 그룹에 빠진 청소년의 일상을 써 보고 싶어요. 최근에 좋아하는 아이돌 그룹이 생겨 입덕하고 있는 중이거든요.(웃음)

오은

요즘 학교에 강연을 많이 가요. 청소년들 만나는 일이 아직은 기껍고 즐거워요. 두 시간 동안 강연하고 나오면 기진맥진해야 하는데 이상하게 교문 밖을 나설 때 힘이 나더라고요. 에너지를 쏟으면서 역설적으로 어떤 것을 얻는 시간이었나는 생각이 드는 거예요. 저는 새로운 사람을 만나 대화를 나눠 보고 그 사람의 삶을 상상하는 걸 좋아하거든요. 깊은 대화가 아니어도 되어요. 상상의 폭이 넓어지니까요. 그래서 강연에서 만난 학생들의 이야기를 한번 써 볼 수도 있지 않을까 생각하고 있습니다. 학생들이 저한테 던졌던 질문들, 사소하더라도 누군가는 질문으로 길어 올릴 수밖에 없었던 그런 질문들에 답하는 형식으로 써 봐도 괜찮지 않을까 싶어요. 제가 만났던 청소년들의 이야기에 상상을 더해서 써 볼 마음은 있는데요, 그게 언제가 될지는 모르겠습니다.

김성규

두 분의 다음 청소년시집을 만날 수 있으면 좋겠습니다. 오늘 긴 시간 말씀 나누었는데 어떠셨는지요?

유현아

저는 간만에 『주눅이 사라지는 방법』에 대해 이야기 나누어서 좋았습니다. 코로나19 때문에 출간 당시에는 시집과 관련된 행사를 거의 하지 못했어요. 지금에서라도 제 시집과 청소년시에 대해 이야기할 수 있어서 기뻤습니다. 청소년의 마음이라는 것이 사실은 우리의 마음과 별반 다르지 않은 것 같아요. 다 같은 마음이기 때문에 그 마음을 조금 발견해 주는 역할을 청소년시집이 해 주면 좋겠습니다. 십대가 될 친구들, 십 대인 친구들, 그리고 십 대를 건너간 친구들의 마음들을 건드려 주는 역할을 창비청소년시선이 해 주면 좋겠고요. 우리 사회가 청소년을 더 다양한 시선으로 바라보아 주면 좋겠습니다.

오은

제가 창비청소년시선 30번을 썼고 유현아 시인이 31번을 쓰셨는데 이렇게 저희를 나란히 호명해 주셔서 뜻깊은 시간이었습니다. 『마음의 일』은 저에게 좀 남다른 것 같아요. 다른 시집이나 산문집은 시간 지나면 저한테도 옛날 책처럼 느껴지는데, 청소년 시기는 늘 거기에 있어서인지 이 시집은 낡거나 오래됐다는 느낌이 안 들어요. 우리가 고전이라 부르는 책은 생의 어떤 시기에 읽어도 좋다고 말하잖아요. 청소년시집만큼은 그 시기에 읽었을 때 빛을 발하는 책이면 좋겠어요. 그때는 누구보다 친구가, 동지가, 곁이 필요하잖아요. 청소년들이 청소년시집 속에서 자기 친구를 만나 위로를 나누고 공감을 얻고 제 방식으로 자라났으면 좋겠습니다.

김성규

오늘 대화를 위해 이곳으로 오는데 김이구 선생님 생각이 많이 났습니다. 선생님이 창비청소년시선을 기획하셨는데요, 선생님은 아동문학뿐 아니라 청소년문학에도 관심과 애정이 크셨습니다. 창비청소년시선의 발자취를 돌이켜보니 선생님이 편집자로, 문학평론가로, 이 분야에 헌신하셨음을 다시금 느낄 수 있었습니다. 앞서 말씀 나눈 것처럼 앞으로 다양한 지역, 다양한 연령대, 그리고 다양한 직업군에 있는 시인들을 발굴해서 더 많은 청소년시집이 나왔으면 좋겠습니다. 또 더 많은 독자에게 청소년시집이 읽히길 바라겠습니다. 오늘 두 분 자리해 주셔서 고맙습니다.

오은, 유현아
감사합니다.

꿈에서도 말하는 사람 정다연
눈으로 보고 마음으로 읽는다 박문수

에세이

청소년시
쓰는 어른

꿈에서도 말하는 사람

정다연

시인. 2015년 『현대문학』 신인 추천으로 등단하며 작품 활동을 시작했다. 시집 『내가 내 심장을 느끼게 될지도 모르니까』, 『서로에게 기대서 끝까지』, 청소년시집 『햇볕에 말리면 가벼워진다』 등과 산문집 『마지막 산책이라니』, 『다정의 온도』 등을 펴냈다. 청소년시를 통해 꿈에서도 말할 수 있게 된 사람이다. 내 안의 아이를 과거에 남겨 두지 않을 때 새롭게 시작되는 현재가 있다고 믿는다.

시작에 관하여

길을 지나다 카페 통유리 너머로 그림책을 읽고 있는 어린아이를 본 적 있다. 고개를 숙이고 집중한 표정으로 한 장 한 장 종이를 넘기는 아이를 보니 그 책을 쓴 저자가 부러웠다. 아이가 읽고 있는 책이 내 책이었으면 싶었다. 조금 더 정확히 말하자면, 아이들이 성장하며 만들어 갈 독서의 경로에 내가 쓴 글도 있었으면 했다.

스쳐 지나갈 줄 알았던 그 바람은 생각보다 깊이 내 마음 한 구석에 자리 잡았다. 그런 마음이 드는 날이면 책상에 앉아 그동안 내가 출간했던 시집을 살펴보았다. 이 책이 아이의 일상에 들어갈 가능성이 있는지 헤아려 보면서. 내 시집에는 미안한 말이지만 아무리 생각해도 그럴 가능성은 잘 떠오르지 않았다. 특정 독자만이 시를 향유할 수 있다거나 시를 읽는 데에 정해진 독법이 있는 건 아니지만, 그렇다고 내 시가 나이와 상관없이 모두에게 읽힐 수 있을 것 같지도 않았다. 강의할 때마다 수강생들에게 시를 읽고 이해하는 것이 어렵다는 고충을 들어 왔기에 더 그랬다. 아이들이 책장에서 내 시집을 꺼내 읽는 모습은 상상하기 어려웠다.

어떻게 하면 아이들에게 내 시를 읽힐 수 있을까? 아이들이 자라서 내 책을 펼쳐 주기를 기다리고만 있어야 할까? 그런 고민을 하던 차에 청소년을 대상으로 하는 시 쓰기 교실을 맡아 줄 수 있겠느냐는 제안이 왔다. 서울 소재의 중학교 열두 곳을 돌아다니며 두 번씩 강의하는 일정이었는데, 한 번은 시를 읽고 나누는 시간이었고, 다른 한 번은 다 같이 시를 창작해 보는 수업이었다. 나는 아이들을 직접 만나 보고 싶어서 별다른 고민 없이 하겠다는 뜻을 전했다. 때마침 얼마 뒤에는 청소년시를 써 보지 않겠느냐는 감사한 제안도 받았다. 다른 사람은 어떻게 생각할지 모르겠으나 당시의 나로서는 연달아 일어난 우연이 운명처럼 느껴졌다. 청소년시라는 장르가 다소 생소하긴 했지만 부딪혀 보고 싶었다.

시가 자라는 교실

청소년시를 쓰기로 한 뒤 중학교에 출강할 기회가 있었던 건 행운이라고 생각한다. 그렇지 않았다면 청소년에 관한 글을 쓰는 게 무척 어렵게만 느껴지지 않았을까. '나는 요즘 아이들이 좋아하는 가수나 게임도 모르고, 유행하는 음식이나 밈도 모르는데.' 그런 걸 의식하며 무리해서 아이들이 흥미로워할 법한 소재만 찾아다니다가, 아이들에게도 나에게도 동떨어진 이야기만 어설프게 잔뜩 늘어놓지는 않았을까.

아이들과 시를 나누었던 나날은 언젠가부터 편협해진 내 생각을 깨뜨리는 순간의 연속이었다. 첫 번째 학교에서 처음으로 다 같이 시를 썼던 날을 아직도 기억한다. 내가 예상했던 아이들의 시 쓰기 주제는 학업 스트레스나 부모님, 친구와의 관계, 미래에 대한 불안 같은 거였다. 창작 시간이 주어지자마자 무언가를 끄적이는 아이에게 어떤 시를 쓰고 싶으냐고 물어본 적이 있다. 그러자 그 아이는 조금의 망설임 없이 답했다.

"선생님! 저는 연애가 너무너무 하고 싶어요!"

킥킥대는 주변 친구들의 웃음소리에도 아이는 전혀 개의치 않았다. 보란 듯이 사랑에 대한 진심이 담긴 시를 완성해서 발표했다. 그렇지. 처음으로 누군가를 좋아하고 싶은 마음도 시가 될 수 있지. 왜 아이들이 누군가와의 갈등이나 감당할 수 없는 불안같이 무거운 주제만 쓰고 싶어 할 것으로 생각했을까. 누군가를 떨리도록 사랑해 보고 싶고, 그걸 나눌 수 있는 깊은 관계를 만들고 싶은 마음. 그것도 시가 될 수 있는 건데. 숨김없이 당당한 아이의 모습이 참 멋져 보였다. 그리고 그 덕분에 봄볕을 맞으며 갓 움트고 있는 것 같은 사랑 시를 읽을 수 있었다.

청소년들은 언제든지 자기표현을 할 것이라는 예상도 비껴 가긴 마찬가지였다. 학교마다 수업 분위기가 냉탕과 온탕을 오가듯 크게 달랐기 때문이다. 열정적으로 활동지에 시를 채우는 아이들이 있는 반면에, 어떤 학교의 학생들은 수업이 끝날 때까지 어떤 말에도 반응하지 않고 무기력해했다. 또 다른 학교의 학생은 수업을 듣는 와중에도 쫓기듯이 문제집을 풀었다. 하고 싶은 말이 있는데 다른 친구들 앞에서는 하지 못하고 내게 내밀한 고민이 담긴 쪽지를 조심스럽게 건넨 아이도 있었다.

그 과정에서 느낀 게 있다면 청소년이 하는 고민과 지금의 내가 하는 고민이 별반 다르지 않다는 것이다. 청소년들은 또래 친구들과 잘 지내고 싶어 했고, 가까운 사람으로부터 응원을 받고 싶어 했다. 최선을 다해도 미래가 어떻게 될지 몰라 불안하지만, 아무것도 하지 않는 건 더 불안하기에 억지로라도 공부하려 애쓴다고 털어놓기도 했다. 나 역시 그렇다. 같은 집단에 속해 있는 사람들이 나를 싫어하지는 않을까 걱정하고, 가까운 사람에게 이해받지 못했다는 생각에 좌절한다. 사람들을 이해하려고 애쓰기도 하고, 흘러가는 시간을 알뜰히 써야 한다는 불안으로 많은 일을 떠안기도 한다.

하루 중 많은 시간을 학교에서 보내는 청소년과 내가 경험하는 일상의 층위는 다를 수 있지만 우리가 하는 고민과 생각은 별반 다르지 않다. 그 사실을 체감하고 나니 청소년들이 하는 고민이 나와는 무관하다거나 이미 지나가 버린 과거의 일로 치부되지 않았다. 오히려 그동안 의식 너머에 가려져 있던, 아주 오래전부터 내 안에 쌓여 있던 이야기와 맞닥뜨리는 기분이었다. 나는 그런 기분을 청소년시를 쓰는 데에 옮겨 보기로 했다. 자주 들여다보지 않아 먼지가 쌓여 있는 상자 속 이야기를 이제라도 하나씩 열기로 했다.

나의 청소년 쓰기

그런 마음으로 책상 앞에 앉았음에도 청소년시를 쓰는 건 쉽지 않았다. 그건 단순히 현재의 나와 청소년의 나 사이에 존재하는 긴 시차나 소재에서 오는 어려움은 아니었다. 크게 두 가지 이유가 있었는데, 하나는 시작 단계에서의 어려움으로 내가 쓴 글이 혹시나 청소년들에게 좋지 않은 영향을 주는 건 아닌가 하는 근심이었다. 내가 청소년 시기에 겪었던 어둡고 우울한 일들에 대한 고백이 오히려 독자의 마음을 더 무겁게 만드는 것은 아닌지 우려스러웠다. 여러 고충을 안고 한 시기를 온몸으로 통과하고 있을 친구들에게 조금이라도 따뜻한 말을, 일상의 아름다운 순간을 잘 정제해서 건네줘야 하는 건 아닐지 싶었다.

지금 생각해 보면 그때의 난 아이들이 감당하고 있을 현실의 무게를 덜어 주고 싶었던 것 같다. 그 생각이 오만이었다는 걸 알게 해 준 사람은 앞서 나에게 처음 청소년시집 집필을 제안해 주었던, 애정하는 시인이었다. 언젠가 그와 함께 길을 걷다가 내가 말했다.

"제 이야기는 무겁고 어두워서 어떤 것도 쓰면 안 될 것 같아요. 원고를 시작할 엄두가 안 나요."

"그러면 쓰면 안 될 것 같은 것만 써 보면 어때요?"

그 말을 듣자, 복잡했던 머릿속이 한순간에 정리되었다. 용기가 났다. 아이들에게 향하는 글을 두고 어떤 건 말해도 되고 어떤 건 안 되는 거라고 구분 짓는 일이, 마치 아이들은 그 이야기의 무게를 감당하지 못할 거라는 위계적인 판단이었다는 걸 알게 되었기 때문이다.

해서는 안 되는 이야기는 없다는 마음가짐으로 백지 앞에 서니 묶여 있던 매듭이 풀린 것처럼 내 안에서 술술 시가 풀려나오기 시작했다. 초창기 작업을 하면서는 지형을 탐색하듯이 기억을 더듬고 채굴하는 재미가 있었다. 더러워진 교복을 깨끗이 빨던 주말의 풍경과 피구 시합을 하던 운동장, 오지 않는 친구를 기다리는 동안 보았던 오후의 빛 같은 것이 떠올랐다. 한 시절 나를 관통했던, 떨어질 수 없었던 과거의 사물과 기억이 어제 본 것처럼 선명히 다가왔다. 둑이 허물어진 것처럼 마음이 부드럽게 녹아내려 내 안을 흘러 다녔다.

수월할 것 같았던 작업이 또 다른 어려움에 봉착한 건 후반부에 이르렀을 때였다. 내밀한 경험이 녹아 있는 시편들을 연달아 쓰다가 내가 도망가고 있다는 걸 깨달았다. 문장을 쓰는 게 부담스러웠고, 몸에는 잔뜩 힘이 들어가 있었다. 어떤 기억을 열지 않았으면 한다는, 내 몸이 보내는 신호였다. 그제야 나는 내가 회복되었다고 믿었던 것이 실은 회복되지 않았음을, 내가 다 지난 일이라고 여겼던 것이 여전히 상처로 남아 있다는 사실을 깨달았다. 찰랑거리는 기억의 수면을 퍼 올리자 깊이 가라앉아 있던 것들이 바닥을 드러낸 것이다.

처음에는 그것을 온전히 바라보는 데만 집중했다. 형태도 촉감도 각기 다른 그 기억들에 묻어 있는 어린 날의 감정을 충분히 헤아리면서 말이다. 그 과정에서 나는 아이들을 향한 글쓰기가 실은 나 자신을 위한 글쓰기이기도 하다는 걸 알게 됐다. 그렇게 하나씩 완성된 작품들은 상처가 됐던 과거의 시간으로부터 나를 편안하게 해 주었다.

덤불을 헤치듯 한 문장씩 나아갈 때 스스로 해 주었던 많은 말도 떠오른다. 아이들을 속이지도 말고, 나 자신도 속이지 말자고. 상처였던 것을 상처가 아니었다고 말하지도 말고, 혼자여서 두려웠다는 말을 혼자여도 괜찮다는 말로 바꿔 쓰지는 말자고. 맨몸인 것 같아도 괜찮으니 한 편의 시에 담긴 진심을 어떤 장식도 없이 투명하게 닦아서 보여 주자고 말이다.

돌이켜 보니 그 일은 어쩌면 현재의 내가 과거의 나에게 말을 거는 순간이었을지도 모르겠다. 그 순간을 회피하지 않고 충실하게 대화에 임하는 것이야말로 청소년시를 쓰는 데 있어 가장 중요한 태도가 아닐까. 자신의 이야기에 귀를 기울이지 못한다면 나와 연결된 다른 청소년들의 이야기를 깊이 있게 듣기도 어려울 테니 말이다. 서투르지만 그 대화 끝에 나는 마흔일곱 편의 시를 완성할 수 있었다.

함께 하는 낭독회

『햇볕에 말리면 가벼워진다』(창비교육, 2024)를 출간하고 서너 달이 지났을 때 시 쓰기 교실에 참여했던 중학교 한 곳에서 전화가 걸려 왔다. 한 학기에 한 번씩 자체적으로 작가를 섭외하여 문학 행사를 열고 있는데, 생각이 나서 연락했다고 했다. 나는 그 연락이 무척이나 반가웠다. 청소년시집을 출간했음에도 성인이 아닌 독자와 책을 읽고 이야기를 나눈 경험은 없었기 때문이다. 또 출강하던 당시에는 집필 중이었기에 아이들이 어떤 책인지 궁금해해도 보여 줄 수가 없었다. 아쉬워하며 다음으로 기약했던 일인데 뒤늦게나마 아이들에게 내가 쓴 시를 읽어 줄 수 있다고 생각하니 설렜다. 나는 기쁜 마음으로 제안을 수락했고 오랜만에 다시 교정에서 학생들을 만날 수 있었다.

낭독회가 열리는 날, 학교 도서관에는 스물다섯 명 남짓한 학생들이 빼곡히 앉아 있었다. 책상에는 내 시집들이 나란히 올려져 있었다. 낭독회를 신청한 아이들이 전부 시집을 읽고 왔노라고 선생님이 귀띔해 주셨다. "학원 보충 가야 하는데 여기 왔어요!" 한 아이가 유쾌하게 말하자 다른 아이도 큰 소리로 말했다. "저 작년에도 선생님 수업 들었어요!" 어색했던 분위기가 순식간에 밝아졌다. 가볍게 안부를 나눈 후 우리는 다 같이 시를 낭독했다.

낭독이 끝난 다음에는 자유롭게 시에 관한 대화를 나누었다. 이야기는 끝이 없었다. 아이들은 저마다 내밀한 경험을 들려주고 싶어 했고 느낀 바를 표현하고 싶어 했다. 한 친구는 솔직한 감상을 들려주기도 했는데, 시집에 수록된 「친애하는 나의 불안」을 처음 읽었을 때는 말도 안 되는 시라고 여겼다고 했다. 불안이 얼마나 무겁고 두려운데! 그걸 어떻게 아기 고양이나 스웨터로 여겨 보자고 할 수 있는지 이해가 되지 않았다고, 그런데 어느 날 모든 일과를 끝내고 집으로 돌아왔을 때 그 시가 떠올랐다고 했다. 그 순간 그렇게 해서라도 자기 안에 있는 불안을 달래려 했던 화자의 마음에 비로소 공감되었고 말이다.

  마음이 뭉클했던 이야기도 있었다. 「취미」라는 시를 낭독하고 난 다음이었는데, 한 아이가 씩씩하게 감상을 말하다가 갑작스레 울음을 터뜨렸다. 힘들어하는 친구가 있었는데 이 시의 화자처럼 위로해 주지 못해서 미안하다고 했다. 옆자리에 있던 친구들이 우는 아이의 등을 도닥여 주었다. 잠시 후 마음을 추스른 아이에게 조심스럽게 말했다. 시는 정답이 아니라고, 그 친구가 무엇 때문에 힘들었는지 다 알 수는 없지만, 이렇게 걱정해 주는 이가 곁에 있다는 게 그 어떤 것보다 가장 큰 위로였을 거라고. 그렇게 우리는 다 같이 시를 읽다가 눈물짓다가 서로를 위로하기도 하며 낭독회를 마무리했다.

내 안의 아이에게

시를 출간하고 나서 학생들과 주변 지인들로부터 위로받았다는 감상을 많이 들었다. 그런데 그 이야기를 들을 때마다 이상하게도 내가 더 위로받는 느낌이었다. 아무도 모를 거라고, 이건 나 혼자만 겪은 일이라고 여겼던 과거의 시간에 자신도 비슷한 경험을 했었다고 손을 잡아 주는 사람들이 있었기 때문이다. 덕분에 나는 드디어 내 안의 청소년에게 든든한 친구가 되어 줄 수 있었다. 불현

듯 아팠던 과거가 떠오를 때면 괜찮다고 다독이며 깨끗한 마음으로 가라앉혀 줄 수 있었다.

또 한 가지, 청소년시를 쓴 이후 생긴 변화가 있다. 그전까지만 해도 나는 종종 내게 상처를 주었던 과거의 사람들로부터 또다시 공격당하는 꿈을 꾸었다. 꿈속에서 나는 그들에게 둘러싸여 폭언을 당했는데 무언가 해명하려고 하면 목소리가 나오지 않았다. 그런데 시집을 낸 뒤에는 꿈이 바뀌었다. 꿈속에서 나는 사람들과 묵혀 두었던 오해를 풀고 화해하기도 했고, 그들이 나에게 진심이 아니었다며 사과하기도 했다. 그것이 어떻게 가능한 일이었는지 아직도 신기하다. 이제 꿈속의 나는 공격당하지 않는다. 아무리 외쳐도 나오지 않던 목소리는 돌아왔다. 비로소 나는 꿈에서도 말할 수 있게 되었다. 이 시집이 내게 가져다준 커다란 신비이다.

**청소년시
읽는 어른**

눈으로 보고
마음으로
읽는다

편집자. 1982년부터 2008년까지 출판사에서 일했다. 독립 편집자로 '창비시선', '창비청소년시선' 등을 교정하며 여러 곳에서 편집 일을 가르친다.

책 만드는 일만큼은 대한민국에서 '다섯 손가락'에 꼽히리라는 자부심이 헛되지 않도록 어제도 공부했고, 오늘도 공부하고, 내일도 공부한다.

'난 빨강'이라니, 뭐지? 호기심을 일으키는 야릇한 제목에 끌려 첫 장을 넘기자마자 단숨에 읽었다. 신나게 읽어 나가는 동안 몇 번이고 무릎을 쳤다. 시편마다 절창이었다. 여드름투성이 까까머리 소년 시절의 장면들이 새록새록 떠오르면서 괜스레 얼굴이 발개지고 가슴이 두근거렸다. 모처럼 시 읽는 재미와 기쁨을 만끽했다. 다 읽고 나니 유쾌했다. 이 친구, 시도 잘 쓰더니만 청소년시도 잘 쓰네? 앞으로 이만한 시가 또 나올까 싶었다. 내가 시를 쓰는 사람도 아닌데 은근히 질투가 나기도 했다. 그렇게 '기성 시인이 쓴 최초의 청소년시집'으로 길이 남을 박성우 시인의 『난 빨강』(창비, 2010)은 발갛게 상기된 내 마음에 감동의 파문을 아로새겨 놓았다. 오래전 일이다. 청소년시집을 읽은 건 그것이 처음이자 마지막이었다. 그 뒤로 더는 읽지 못했다. 한 달에 서너 권씩 쏟아져 나오는 시집을 골라 읽기에도 버거운데 청소년시집까지 찾아서 읽을 겨를은 없었다. 줄곧 시집만 읽었다.

　그러다 청소년시를 다시 접하게 되었다. 새삼스레 특별한 관심이 생겨서가 아니라 교정을 의뢰받은 것이라 '일'로서 읽을 수밖에 없었다. 먹고사는 방편으로만 생각했다. 그러니 처음에는 시를 '읽는' 것이 아니라 교정을 '보는' 것일 뿐이었다. 독서라기보다는 독해라고 할까. '감상鑑賞'이 아니라 '감정鑑定'이었다. 오자를 잡아내고, 불편한 문장을 다듬고, 토씨 하나라도 흐트러지지 않도록 편집자로서의 책무와 태도에 충실할 뿐이었다. 달리 말하면, 시를 읽는 것이 '교정 작업'에 불과했다. 그런데 차츰 권수가 쌓이면서 변화가 생기기 시작했다. 청소년시를 교정하면서 새로운 사실을 하나씩 하나씩 알아 가는 중에 아차, 뭔가 잘못짚었음을 깨달았다.

　사실 청소년시를 교정하기 전에는 청소년들에게 별 관심이 없었다. 그렇다고 아이들을 싫어했던 것은 아니다. 예전에는 아이들을 보는 것만으로도 흐뭇했다. 하나같이 사랑스럽기만 한 아이들에게서 풍기는 풋풋한 기운이 그대로 와닿아 상쾌하기까지 했다. 그런데 언제부턴가 아이들 모습이 영 마땅치 않아 보였다. 여전히 해맑은 유치원생이나 초등학생에게는 눈길이 갔으나 머리가 굵을 대로 굵은 중고등학생들은 왠지 거리감이 들어 마주치는 것조차 꺼렸다. 나라고 청소년 시절을 착실한 모범생으로 지냈으랴마는, 일탈을 일삼는 말썽꾸러기 녀석들을 보면 속이 부글부글했다. 사춘기라 그러려니 이해할 법도 한데 내 성격이 가탈스러운 탓일 것이다. 대학에서 강의할 때는 어려운 일 있으면 언제든지 너희들의 '비빌 언덕'이 되어 주겠노라고 말하곤 했었는데, 마음이 변한 것일까. 돌이켜 보자니 민망하고 무안했다.

    그런데 청소년시집을 교정하면서 아이들의 생활을 살펴보게 된 뒤부터 바뀌기 시작했다. "학교 집 학교 집 오가는 지겨운 루틴"[1]에 시달리는 아이들을 나도 모르게 쳐다보게 되는 것이었다. 집 밖에 나갈 일이 많지 않아 마주칠 일이 별로 없지만 어쩌다 전철 안이나 버스 정류장 같은 곳에서 마주치게 되면 자꾸 눈에 밟히곤 했다. 두어 달에 한 권꼴로 청소년시집을 보고 읽기 시작한 이후 나의 삶에 일어난 가장 큰 변화다. 이토록 아이들에게 무심했다니. "사람이 평소에 안 하던 짓을 하는 건/죽을 때가 돼서 그런 게 아니라/그러다가 정말 죽을 것 같아서 치는 몸부림"[2]이라는 것을 미처 몰랐다. "도대체 왜 그래?"라는 말보다 "그래, 그랬었구나."라는 말이 앞서야 했던 것을. 반성했다. 이래라저래라 다그치기만 하던 잣대를 슬그머니 내려놓았다. "나는 누구인가 나는 왜 태어났는가"[3] 고민하기도 하고 "시험 문제의 정답처럼/모두 똑같

---

1 정연철, 「궁리주의자」, 『송아리는 아리송』, 창비교육, 2023, 84면.

2 정연철, 「슬기로운 준기 사용법」, 앞의 책, 2023, 42면.

3 박성우, 「가출 전말기」, 『처음엔 삐딱하게』, 창비교육, 2015, 50면.

은 꿈"⁴을 꾸며 살아가는 아이들을 바라보는 안목을 좀 더 깊고 넓게 길러야겠다는 마음을 다졌다.

*

책장에 꽂힌 청소년시집을 대충 헤아려 보니 지금까지 예순여 권을 읽었다. 시집을 읽을 때는 종종 '말인지 막걸리인지' 도무지 이해가 안 되는 말들이 있어 고통스럽기도 했는데, 청소년시집은 전혀 그렇지 않았다. 쉽게 읽혔고 쏙쏙 들어왔다. 그러니 청소년시집을 읽는 일이 즐거울밖에.

최근에 읽은 시집 중에는 정다연 시인의 『햇볕에 말리면 가벼워진다』(창비교육, 2024)가 감동적이었다. 시집을 읽는 내내 마음이 편안해졌다. "난 네가 다치지 않으면 좋겠어"(「취미」)라는 말에 위안을 얻었고, 외로움도 슬픔도 "햇볕에 말리면 가벼워진다"(「빨래」)리는 말이 포근하게 다가왔다. 아이들은 "내가 살아 있다는 기쁨"(「어른이 되면」)을 느끼게 될 것이고, 어른들은 아이들을 한 뼘 더 사랑하는 마음이 피어나리라는 생각이 들었다. "기척도 없이"(「친애하는 나의 불안」) 다가오는 불안 속에서 살아가는 청소년들의 안녕을 빌어 주는 아름답고 따뜻한 시집이었다. 아이들과 똑같이 혼돈과 방황의 청소년기를 거쳐 온 나에게도 따뜻한 위안을 안겨 주었다.

김애란 시인의 『열여덟은 진행 중』(창비교육, 2024)도 기억에 남는다. 이 시집을 통해 '영 케어러', '가족 돌봄 청소년', '고딩 엄빠', '청소년 미혼 부모', '자립 준비 청년'이라는 말을 처음 알게 되었다. 부끄럽게도 생전 들어 보지 못한 말이었다. 청소년이라 하면

4 오은, 「꿈」, 『의자를 신고 달리는』, 창비교육, 2015, 86면.

으레 교복 입은 학생을 생각했는데, '학생이 아닌 청소년'이라니. 내가 전혀 알지 못했던 이야기였다. 시를 읽다 보면 이것이 실제로 있는 일인지 믿기지가 않았다. 비현실감이 들 정도였다. 어디서든 예외로 취급받는 '학교 밖 아이들'의 삶을 몰라도 너무 몰랐던 것이다. 일찍 어른이 되어 버린 아이들의 한숨 소리가 들릴 때마다 마음이 편치 않았다. 짠한 마음에 달려가 안아 주고 싶었다. 그리고 "변화에 잘 적응하는 중"이라며 "꼭 살아남겠다고 다짐"(「목소리」)하는 이 아이들을 살뜰히 챙겨 내 앞에 데려다준 시인이 고맙고 존경스러웠다. 내친김에 이전에 나온 『난 학교 밖 아이』(창비교육, 2017)와 『보란 듯이 걸었다』(창비교육, 2019)까지 구해 읽었다.

　　중학생 소년들의 좌충우돌 성장기를 추리 소설의 형식을 빌려 한 편의 성장 서사로 엮은 김현서 시인의 『탐정동아리 사건일지』(창비교육, 2019)도 꽤 재미나게 읽었다. 내가 본격적으로 교정을 본 첫 번째 청소년시집이다. 구성으로나 내용으로나 모두 정밀하게 짜여 있어 마치 추리극을 보는 듯 흥미진진했다. 팽팽한 긴장감 속에서 사건을 추적해 나가는 재미가 짜릿했다. "매일 엄마는 커터 칼이 되어/나를 깎는다/깎고 또 깎아내린다"(「잔소리의 끝」)라는 대목에서는 울컥하기도 했다. 이 시집에는 시를 쓰는 내내 "아이들의 손짓, 발짓, 몸짓, 표정 들까지 놓치지 않으려고 애를 썼다."(「시인의 말」)라는 시인의 정성스러운 마음이 역력했다. 꼭 한번 읽어 보라고 권하고 싶은 시집이다.

*

청소년시집을 읽으면서 나는 뒤늦게나마 청소년들의 세계에 들어가 그들의 삶을 제대로 이해하게 되었다. 그런데 청소년시집을 교정하다 보면 못마땅한 게 하나 있다. 시집을 읽을 때도 마찬가지다. 문장 표현이야 그렇다 치고, 괴상망측한 단어들을 아무렇지 않게 쓰는 것을 볼 때마다 짜증이 난다. '초딩', '중딩', '고딩', 이런 단어들을 보면 딱할 정도다. 특히 '쌤' 또는 '샘'이라는 말을 아주 태연하게 쓰는 것을 보면 은근히 화가 치밀어 오른다. '쌤'이라니. 끔찍하다. 언어의 돌연변이도 아니고, 근본도 없는 이런 말이 어디서 생겨난 건지 알다가도 모를 일이다. 물론 친근함의 표시로 아이들이 쓴다는 건 나도 안다. 그런데 친근함의 표시라고? 얼토당토않다. 선생님들끼리도 서로 '쌤'이라고 부른다니 기가 찰 노릇이다. 선생님으로서의 권위를 지키라는 게 아니다. 게다가 시인이기도 한 선생님조차 이런 말을 쓰니 지금의 학교가 엉망이 되어 버린 것이다. 지나친 비약일까. 표준국어대사전 '우리말샘'에 '샘'은 '선생님'의 준말로, '쌤'은 '샘'의 센말로 등재되어 있기는 하다. 이 말이 언젠가는 표준이가 될지 모르겠으나 아직은 뿌리 없는 입말에 지나지 않는다. 말이야 그렇다 치고 시에서 왜 '선생님'이라고 쓰지 않는지 나는 도무지 이해할 수가 없다. 그러고 보니 '초딩', '중딩', '고딩'도 각각 '초등학생', '중학생', '고등학생'을 '속되게 이르는 말'로 등재되어 있다.

　　물론 시어라고 해서 딱히 지정된 말이 있는 것도 아니고, 꼭 표준어만 골라 써야 하는 것도 아닐 테다. 하지만 아이들이 일상적으로 쓰는 말이라 해도 써서는 안 될 말이 있다. 아름다운 말만 쓰라는 것은 아니다. '시적 허용'이라는 수사법을 모르는 바 아니지만 은어로나 쓸 법한 말을 어째서 시어로 사용하는지 안타까울 노릇이다. 경직된 사고일지 모르겠으나 시도 엄연히 '글'인 바에야 맞춤법에 충실해야 한다는 것이 나의 지론이다. 비속어는 되도록 가려 쓰자는 것이다. 시인들에게는 융통성 없는 고집에다 꽉 막힌 생각이라고 핀잔을 들을 만하다. 하나 말 같지도 않은 '엉터리 말'을 막무가내로 생각 없이 쓰는 것은 우리말을 망가뜨리는 일이다. 나는 그렇게 본다. 시인들이 좀 더 심사숙고했으면 하는 마음이다. 그리고 앞으로 더 많은 시인이 관심을 갖고 청소년시의 지평을 넓혀 주었으면 하는 바람도 크다. 미래는 어른들의 것이 아니라 청소년들의 것이니까.

*

문청 시절, 시는 나에게 연인 같은 존재였다. 시인이 되고자 했고, 시를 읽고 쓰는 일이 행복했다. 시집을 사 모으는 일은 생활의 큰 기쁨이었다. 그러나 시인은 되지 못했고, 대학을 중퇴한 뒤로 줄곧 출판 편집자로 살았다. 실천문학사 주간을 끝으로 출판사를 떠난 뒤로도 교정 아르바이트를 하며 살아간다. 주로 시를 교정한다. 한 출판사의 시선과 한 출판사의 청소년시선을 도맡고 있다. 거의 '시집 전문 편집자'인 셈이다. 사실 남의 글을 고친다는 것은 쉬운 일이 아니다. 천생 편집자로서 사십 년 넘게 교정을 봐 왔지만 여전히 어렵기만 하다. 문학 작품인 경우에는 더욱 그러하다. 시는 더더욱 그러하다. 잘못 이해하여 자칫 '빨간 펜의 폭력'이 될까 싶어 여간 조심스럽지 않다. 그래서 시를 교정할 때는 한없이 겸허해지곤 한다. 겸손한 마음으로 교정을 보면서 이렇게 쓴 것은 의도적인 것일까, 시인의 깊은 속내까지 헤아리려고 애를 쓴다. 나는 '책은 역사다.'라고 정의한다. 그러니 오자는 역사를 왜곡하는 것과 같다. 뭐니 뭐니 해도 오자 없는 책이 '좋은 책'이다.

교정 보는 일이 때로는 힘겹고 고통스럽기까지 하다. 그럼에도 나는 시를 읽고 교정하는 일이 즐겁다. 나로서는 세상을 공부하는 일이다. 실제로 청소년시를 교정하면서 많이 배우기도 했다. 그렇게 해서 탄생한 시집을 읽는 일은 더욱 행복하다. 그런 만큼 누구보다도 시를 좋아하고 시인들을 사랑한다. 내가 보기에, 시를 즐겨 읽는 사람치고 선하지 않은 사람이 없다. 사람들이 시를 읽는다면 "누군가의 뒤처진 시간을 위해" 기꺼이 "함께 기다려 주고/함께 고통을 나누"[5]려는 선한 마음이 넘칠 것이고, 참 평화로운 세상이 될 것이라고 생각했던 적도 있다. '시삼백 사무사詩三百 思無邪'라 했으니, 그 시를 읽는 사람에게는 삿된 마음이 들어설 자리가 없다. 더욱이 청소년시임에랴.

*

청소년시집을 소개하는 글을 보면 "청소년뿐만 아니라 어른들도 함께 읽으면 좋을 시집"이라는 구절이 종종 눈에 띈다. 백번 공감한다. 청소년시집은 비단 아이들만 읽는 시집이 아니다. 청소년들을 "하나의 단어로 옭아매"거나 "한마디 무성의한 말로 덫을 놓"[6]을 것이 아니라 "세상의 고리타분한 질서에 균열을 일으키"[7]는 이 시집들을 어른들도 읽어야 한다. 아이들을 정말 사랑한다면 시간을 쪼개서라도 읽기를 바란다. 그래야 교실의 풍경이 바뀌고, 가정의 모습이 바뀌고, 사회 구조가 바뀔 수 있다. 지금보다는 나은 세상이 될 수 있다. 아이들과 선생님이 함께 시를 읽는 교실에서는 학교 폭력이나 따돌림, 교권 침해가 없을 것이다. 아이들과 부모님

5 이삼남, 「동행」, 『너와 떡볶이』, 창비교육, 2021, 79면.

6 정연철, 「수식어의 덫」, 앞의 책, 2023, 17면.

7 정연철, 「삐딱선의 미학」, 앞의 책, 2023, 82면.

이 함께 시를 읽는 가정에서는 가정 폭력이나 아동 학대, 가출이 없을 것이다. 아이들과 어른들이 함께 시를 읽는 사회에서는 차별이나 혐오, 갈등이 없을 것이다. 그렇게만 된다면 세상은 오늘보다는 더 따뜻하고 평화로워질 것이다. 나는 그렇게 믿는다. 그럴 것이라고 바라며, 이것이 허튼소리만은 아니길 소망한다. 청소년기는 흔히 '인생의 황금기'라고들 하지만 실상은 그렇지 않다. 복잡다단한 감정이 들끓어 혼란스럽기만 하고, 감추고 싶은 비밀과 말 못 할 속사정이 있어 끙끙 앓기도 한다. 이렇듯 사춘기의 울타리 안에서 불안하고 불안정한 오늘을 살아가는 청소년들의 내일이 건강하고 따뜻했으면 좋겠다.

 잠시 미래의 세계로 날아가 느티나무 그늘에서 아이들과 함께 시를 읽는 모습을 그려 본다. 시를 읽다가 곁에 앉은 아이들을 꼭 안아 주며 귓가에 가만히 속삭인다. 너희들, 빨강이라고? 난 연두야. 노랑이기도 하지. 그리고 말을 걸어 본다. 우리 이제 친구하자. 그동안 내가 무심했어. 미안하다고 손을 내미는 사이 빗방울이 떨어진다. 봄을 재촉하는 비인가. 다시 현재로 돌아와 책상 앞에 앉는다. 이제는 떡하니 책장의 한 자리를 차지한 청소년시집 칸에서 한 권 빼낸다. 김준현 시인의 『세상이 연해질 때까지 비가 왔으면 좋겠어』(창비교육, 2022). 한 대목 읽는다. "세상이 연해질 때까지/비가 왔으면 좋겠다", 그 "비가 그치고 나서/세상이 더 맑고 분명해 보인다면/좋겠다, 좋겠다"(「비가 왔으면 좋겠다」). ✎

시는 우리가 응답하는 방식 최지혜
지환 이야기 유희경

현장

단원고 학생들과
함께 읽은 시

시는 우리가
응답하는 방식

최지혜

중학교 국어 교사. 산문집
『좋아하는 것은 나누고
싶은 법』을 펴냈으며, 『땀
흘리는 시』, 『국어 교과서
작품 읽기 중1 시』를 함께
엮고, 『우리들의 랜선 독서
수업』, 『너와 나의 야자시간』,
『덕분이에요』를 함께 썼다.
학생들과 시를 감상하는
시간을 소중히 생각한다.

마주하기

얼마 전 연극 연수에 다녀왔다. 대학생들의 연극 공연 후 관객과의 대화가 이어졌다. 작품을 연출한 학생은 이 연극을 상연하기로 결정한 이유를 들려주었다. 이미 존재하는 희곡이라도 연출자가 어떤 문제의식을 느껴 작품을 선택하고 연출했는지가 중요했다. 이날 상연된 작품 중 하나는 「가자 모놀로그 2010 The Gaza Monologues 2010」였다. 제1차 가자지구 전쟁이 중단된 후 그곳 청소년들의 증언을 독백극으로 엮은 작품인데, 팔레스타인의 아슈타르 극장이 전 세계 공연 예술계에 낭독이나 공연을 요청하면서 알려지게 되었다.

작품 속 각각의 이야기는 증언에 참여한 청소년이 자기 이름과 태어난 해, 사는 곳을 소개하며 시작된다. 연수에 모인 국어 교사들은 이 글을 낭독극으로 재구성하고 자신의 응답을 덧붙였다. 원문과 동일한 형식으로 운을 떼는 것이 규칙이었다. 시공간적으로 멀리 떨어져 있는 타자로서, 이름과 위치를 밝히는 것이다. 나는 다른 세 명의 참여자들과 '림 아파나'의 글을 읽고 짧게 답했다.

"어렸을 때는 제가 세상에서 가장 행복한 아이라고 생각하곤 했어요. 그런데 자라날수록, 생각이 자랄수록 걱정도 자라났죠. 과거에는 이해하지 못했던 것들을 이해하기 시작했으니까요."

림 아파나(1996년생, 사프타위 대로)[1]

갑자기 걸려 온 전화에서 이스라엘군의 폭격 예고를 들은 아이의

[1] 「가자 모놀로그 2010」 한국어 대본은 피다 지리스가 아랍어에서 영어로 옮긴 대본을 중역한 것이다. 인용한 림 아파나의 대본은 한국어 대본 번역 참가자 호영이 옮겼다.

글이었다. 마음이 아파 읽기 어려웠으나 그에 대해 쓰는 것은 더 어려웠다. 폭격이 쓸고 간 재난 앞에 어떤 말이 힘이 있나 주저하다 마감 시간이 가까울 무렵에야 몇 자 적을 수 있었다.

> "모든 아이들의 눈물에 가슴 아파하는 너는 어떻게 살고 있을까. 어느 날 전화벨 소리를 듣고 기뻐하는 너, 그리고 이내 이스라엘 군인임을 알게 되고 끔찍한 메시지를 듣는 너. 우리 집에도 아주 어린 아이가 있어. 그 아이도 스마트폰이 울리면 참 기뻐하거든. 전화벨에 기뻐하는 얼굴. 그 얼굴이 떠올라. 말을 잇기 어렵다. 네게 온 전화. 너는 얼마나 당황스럽고 두려웠을까. 나는 짐작할 수조차 없다. 아이인 채로 남고 싶다던 너도 어른이 되었겠지? 어린 시절의 꿈이 전부 다 증발해 버리지는 않았으면. 이런 바람조차 너를 잘 모르고 하는 이야기 같아서 조심스럽다."
>
> 최지혜(1986년생, 수원)

무기력에 빠지기 쉬운 이 시대에 우리는 무엇을 할 수 있나. 재난과 참사가 거듭되는 사회에서. 자리를 주최한 사회학자 엄기호 교수는 발터 벤야민과 테리 이글턴의 말을 들며 "우리는 연극을 할 수 있다."라고 했다. 그 말은 내게 질문으로 와닿았다. 나는 내 자리에서 무엇을 할 수 있나. 교사들은 업무와 민원 속에 지쳐 가고 사교육이 비대해지면서 학교 수업은 점점 어려워진다. 아이들의 무기력과 마주하며 버티듯 살아가는 날들. 우리는 무엇을 할 수 있나. 사회의 아픔을 위해서, 학생들을 위해서, 교사인 나 자신을 위해서 무엇을 할 수 있나. 2019년, 뜻하지 않게 단원고에 발령이 났을 때도 비슷한 고민을 했다. 고작 내가 그곳에서 무엇을 할 수 있을까.

두려움, 자신 없음, 비장함······. 그밖에 수많은 감정이 내 안에 있었다.

　　　단원고의 등굣길은 참 아름다웠다. 계절마다 변하는 가로수가 드리운 길. 나무가 만든 터널을 지나 원고잔 공원을 끼고 돌면 교문 앞에 도착한다. 개학을 앞두고 인사차 학교에 간 2월 어느 날, 이제 막 돋기 시작한 새순들이 나뭇가지마다 터지고 있었다. 2019년이었으니 참사 후 오 년이 흐른 시점이었다. 학교를 둘러싸고 적막한 분위기가 흐를 거라는 예상은 빗나갔다. 막연한 부담감조차 그 다정한 길 위에서 풀려나는 듯했다. 이제 와 단원고에서의 시간을 돌이켜보니 그 길이 가장 먼저 떠오른다. 그 길 위를 오고 갔을 아이들의 얼굴도 따라온다. 맑은 얼굴들, 솔직한 목소리들.

　　　학교를 옮긴다는 내게 한 선배가 이렇게 말했다. "거기서 네가 할 일이 있을 거야." 내가 할 일이라니. 어떤 의지나 소명이 있어야 했나. 그러나 무언가를 해야겠다는 특별한 결심이나 계획은 없었다. 다만 돌아보니 아이들과 시를 실컷 읽고 썼다. 단원고라서 했던 수업은 아니다. 그저 아이들이 무기력에서 깨어나 좀 더 다채로운 감정과 감각을 가졌으면 했다. 많이 보고, 듣고, 말하기를 바랐다.

감각하기

코로나가 불어닥쳤던 2020년엔 온라인으로 개학식을 했다. 개학일이었던 4월 16일, 6주기 온라인 기억식으로 학기가 시작되었다. 이후 수업도 온라인으로 하게 되어 서툴게 영상을 찍고 웹 문서로

활동지를 만들었다. 4월 중순이면 학교 앞에 벚꽃이 날리는 때여서 그 광경을 아이들과 공유하지 못하는 것이 무척 아쉬웠다. 벚꽃 길을 따라 학교에서부터 기억 교실 방향으로 걷곤 했는데. 그해 우리는 각자의 공간에서 네모난 화면으로만 얼굴을 마주할 수 있었다.

줌 화면 속 아이들과 다섯 편의 봄 시를 읽기로 했다. 봄의 나른하고 평화로운 분위기를 짧은 두 행으로 표현한 이시영의 「봄」, 바쁜 중에도 누군가에게 보낼 꽃 사진을 찍는 사람의 모습을 담은 이문재의 「봄날」, 보드랍고 사랑스러운 존재가 내 방 안으로 들어온 듯한 김상미의 「난생처음 봄」, 봄이 몸의 형상을 하고 성큼 다가오기에 껴안을 수 있을 이성부의 「봄」, 비 오는 모습을 가만히 바라보며 마음의 생김도 헤아리게 하는 김은지의 「책방에서 빗소리를 들었다」. 다섯 편의 시에 대한 자유 감상에 이어서 2020년의 봄을 한 문장으로 표현해 보기로 했다. 아이들의 반응은 제각각이었지만 통하는 면이 있었다. "봄이란 걸 보기 힘들고, 느끼기도 힘들다", "봄이 왔는데 사람이 안 보인다", "봄이 와도 봄이 아니다" 등의 답변이었다. 아이들은 각자의 방에서, 나는 빈 교실에서 접속 중이었다. 올라오는 글을 보고 있으니 교실 안이 더욱 조용하게 느껴졌다.

봄 노래를 들으며 친구들과 걸어야 할 등굣길도 텅 비어 있긴 마찬가지였다. 노랫말에서 봄을 느끼듯이 시에서도 봄을 느껴보자고 아이들에게 물었다. "계절 시는 왜 많은 걸까?", "시인들은 계절을 어떻게 느낄까?" 내 질문에 줌 화면은 잠시 정지했다. 채팅창의 적막을 깨고 유진이 답변을 올렸다.

"평범한 것도 그냥 지나치지 않을 것 같아요. 그래야 계절의

← 2020년 4월 16일, 단원고 운동장에 걸린 노란 리본.

변화를 섬세하게 느낄 거 같아요. 뭔가를 느꼈으면 그냥 짜증 나가 짜증으로 끝나는 게 아니라 왜 짜증이 났고 그 감정이 어떻게 변했는지 깊게 생각해 보고요."

때때로 아이들의 말을 통해서 수업의 의미가 새롭게 발견되기도 한다. 고립된 상황에서 시에서나마 봄기운을 느끼기를 바라며 시작한 수업이 대상과 감정 들여다보기로 확장되었다. "헐!", "대박!"이 아니라 섬세하게 감정을 표현할 수 있는 언어를 만나면서 아이들에게는 새로운 시선이 생겨날 수도 있다. 문학 작품을 읽는 이유는 정확한 표현을 찾아가는 일이기도 하니까. 소개한 봄 시들이 아이들이 느끼는 계절감에 한 겹을 더할 수 있을지도 모르겠다. 조용한 봄이되, 앞으로 올 계절들에 구체적인 감각이 피어오르기를 바랐다.

대상을 그냥 지나치지 않고 잘 봐야 한다는 유진의 말처럼 천천히 보는 자세에 대해 같이 생각해 보기로 했다. 시를 잘 읽는 방법도, 잘 쓰는 방법도 '보는 것'에 있으니까. 먼저 사진을 가만히 바라보면서 보이는 것을 찾아내기로 했다.

아이들과 공유한 사진은 홍진훤의 연작인 '아무도 대답하지 않았다' 중 하나였다. 이 프로젝트는 사진가 홍진훤이 단원고 학생들의 수학여행 일정표에 나와 있는 장소를 찾아다니며 촬영한 작업이다. 사진가는 제주 곳곳에서 마음과 눈에 새긴 것을 사진에 담았다. 「블루하와이 리조트, 제주/2016」은 아이들이 묵었을 방을 촬영한 사진이었다. '그냥 방이네.' 하지 말고, 천천히 다시 보기. 아이들은 하나 둘 발견한 점을 공유했다. "베개가 네 개인 걸 보니 네 사람이 자는 곳이다.", "각이 잘 잡혀 있는 걸 보니 능숙한 사람이겠다.", "어두침침한 걸 보니 저녁 즈음이거나 새벽이다.", "늦은 시

ⓒ 홍진훤 2016

간인 걸 보니 사람이 안 온 것 같다." 우리는 한 장의 사진을 통해서 부재의 기록이 예술이 되고, 그것이 전하는 울림이 있다는 걸 나눌 수 있었다.

당시 내가 가르쳤던 단원고 2학년에는 세월호 참사와 관련된 유가족이 없다고 했기에 사진을 함께 보았는데, 나중에야 아이들 중에 희생자 혹은 생존자와 이웃 등 지인 관계로 연결된 경우가 많다는 걸 알게 되었다. 그제야 사진 읽기 수업을 세월호 사건과 관련 지어 한 것이 경솔한 선택이었을까 후회했다. 그 이후부터는 단원고에서 교사로 지내며 아이들에게 하는 말, 전하는 글 하나 하나가 조심스러웠다. 아이들은 초등학교 때부터 많이 접한 시선과 언어라 담담하다고 했지만 정작 나는 복잡한 감정을 어떻게 처리해야 할지 매번 어려웠다.

목소리 내기

나는 종종 시 낭독회에 참여하려고 서울의 작은 서점에 가곤 했다. 작은 책방에서 보내는 고독하면서도 함께하는 순간이 달콤했다. 어떤 이유로 모였을까 궁금하지만 서로 묻지 않는 사람들, 다만 누군가의 시를 귀 기울여 듣겠다는 목적 하나만으로 둘러앉은 이들과의 시간에 이끌렸다. 시인이 시를 읽는 목소리에 가끔은 눈물이 올라왔다. 특별히 슬픈 구절이 아니었는데도 목소리의 진동이 마음을 건드렸다. 목소리는 영혼의 울림이라는데. 정말 그럴까?

아이들과 시를 나누는데도 낭독회는 좋은 기회였다. 발표를 어려워하는 아이들도 누구나 참여할 수 있었고, 서로의 목소리를 가만히 듣는 시간을 만들 수 있었다. 유진은 그림 그리는 아이였다. 멍하니 생각에 잠겨 있을 때가 많고 혼자 있는 시간이 길었다. 선생님들은 유진이더러 '엎드려 있는 아이'라고 했다. 하지만 문학 시간과 미술 시간만은 예외였다. 평소 듣기 어려웠던 유진의 목소리를 낭독 시간에는 또렷하게 들을 수 있었다. 유진은 낭독하고 싶은 시로 안희연의 「펭귄의 기분」을 선택했다. 아이는 시를 천천히 읽은 후에 고른 이유를 말했다. 친구에게 말하듯이 편한 말투로 이야기했으므로 유진의 말은 내게도 친근하게 다가왔다.

"나는 우울증을 앓은 적이 있기 때문인지 이 시를 처음 봤을 때 펭귄이 행동하는 걸 보곤 우울의 감정이라고 생각했어. 눈 깜짝

할 사이에 무섭게 불어난다거나 테이블 밑에 숨어 멀뚱멀뚱 올려다본다거나 하는 부분을 봐서 말이야. 특히 순식간에 잦아드는 들쑥날쑥한 감정이라는 점이, 내 마음을 봤나? 싶더라고. 아무튼 이런 음울한 감정을 귀여운 펭귄으로 표현했다는 게 너무 참신하고 신기했어. 나는 우울이 무작정 싫고 괴로운 거라고 생각했거든.”

유진은 덧붙여 말했다.

"어……. 자기 감정을 굳이 이해하려 들지 않아도 된다는 말을 하고 싶어. 갑자기 감정이 변할 때도 있는 거니까. 왜 이러나 깊이 생각하지 말고 있는 그대로를 받아들이면 좋을 거 같아. 시에 나온 것처럼 세상은 해독 불가능한 책이니까. 내 감정도 다 알기는 어렵잖아? 그냥, 이것도 가볍게 들어줬으면 좋겠어.”

유진은 봄 시를 읽으면서 감정을 천천히 들여다보자고 했던 아이다. 그런데 한 달 정도 지나니 자기 감정을 굳이 이해하려 하지 말고 받아들이자고 했다. 아이의 말을 하나로 연결해 보았다. 감정을 들여다보고, 받아들이기. 유진을 통해서 깨달았다. 시를 대하는 아이들의 시선은 자신을 대하는 태도와 서로 통해 있었다.

세상 보기

시는 서정만을 다루는 세계가 아니다. 우리는 심보선의 「갈색 사방이 있던 역」을 시작으로 사회와 관련된 작품을 읽기 시작했다. 사회의 어두움에 대한 문학의 응답. 아름다운 언어로만 이루어진 시도 있지만, 사회에 대한 고발이나 그 안에서 느끼는 슬픔으로부터 탄생하는 시도 있으니까. 나는 학생들과 김현의 「슬픔의 두부 고로

케」와 신철규의 「슬픔의 자전」을 읽으며 세월호 참사에 응답하는 시도 있단다, 하고 말할 수 있었다.

　아이들은 자신이 응답하고 싶은 사회 문제를 선택하고 그에 응답하는 시를 썼다. 그동안 시를 읽으면서 생긴 근육이 창작의 밑거름이 되었다. 은서는 주거 빈곤을, 은혜는 아동 폭력을, 유진은 기후 위기를 주제로 시를 썼다. 흥미로운 점은 경험 시 쓰기, 계절 시 쓰기와 달리 화자와 창작자의 거리가 먼 작품이 다수 등장했다는 점이다. 은서와 은혜는 어린아이를 화자로 유진은 물고기를 화자로 시를 썼다. 시를 통해서는 얼마든지 다른 존재가 될 수 있다는 걸 아이들은 배웠다. 시를 읽고 쓰는 수업을 하면서 너무 자기 세계에만 갇히는 시간이 아닐까 염려한 적이 있다. 그러나 시의 다양한 측면을 보여 주기로 하니 다른 가능성이 열렸다. 다른 목소리로 말할 수 있고, 세상의 문제를 시로 쓸 수 있었다.

　이듬해 4월에는 세월호 참사에 응답하는 글을 직접 써 보는 시간을 가졌다. 아이들은 사건 당시 어린아이였던 자신의 이야기를 시와 수필에 담아냈다. 그중에서도 지아의 시는 요즘도 종종 꺼내 읽는다. 학교를 오가며 보았던 길과, 그 위로 아름답게 떨어지던 벚꽃이 떠오르기도 하고, 아이들과 시를 읽고 쓰며 보냈던 시간이 그립기도 해서이다. 교사는 해마다 아이들과 이별한다. 점차 희미해지는 얼굴들이 안타까운데, 글이 있으면 그 시간을 다시 반짝 만날 수 있다.

　　　반짝 반짝 포장지 속
　　　동그랗게 피어난 사탕

닳을까 애지중지
꼭꼭 숨겨 두어야지

닳을까 애지중지
눈에 담아 두어야지

벚꽃 사탕이 나의 혀를 할퀴어
피를 내어도
가슴 저리도록
어여쁜 봄

바다의 햇빛이
벚꽃 사탕을
녹여 버려도
여전한 봄

어느새 한 그루의 나무를
이루었네

나는 우리 동네

따뜻한 햇살을 모아
찾아가네

영원한

어여쁜

나만의 벚꽃 사탕

— 신지아, 「벚꽃 사탕」 전문

자유롭게, 긴 호흡으로 시를 만나기. 그게 좋은 거야 알지만 현실과는 멀다는 말을 종종 듣는다. 입시가 변하지 않는 이상, 시를 분석하는 수업이야말로 아이들에게 필요한 게 아니냐는 말이다. 한 시간에 서너 편의 시를 쪼개고 분석해서 선다형 문제의 답을 찾는 수업은 여전히 많다. 문해력의 위기가 사회 담론으로 떠오른 지도 한참이다. 수능 국어가 학생의 미래를 가른다는 사교육 시장의 목소리도 점점 더 커지고 있다.

    하지만 대입이 문학 수업의 유일한 목표는 아닐 것이다. 시를 곁에 두는 삶은 아이들에게도 교사들에게도 필요하다. 나는 시를 가르치는 법을 시인인 배창환 선생님으로부터 배웠다. 선생님은 시 수업의 목표를 노 젓기에 비유했다. "삶을 건너는 데 노 하나 쥐여 주는 거"라고. 삶을 건너는 도구로 그것이 무엇이든 교사들은 자기가 생각하기에 좋은 것을 건넬 것이다. 내게는 그게 시였다. 그러나 이 문장은 고쳐 써야 한다는 걸 쓰면서 알았다. 건넨 이는 나만이 아니고, 받은 이도 아이들만은 아니므로. 시를 가르친 이야기를 쓰겠다고 앉았으나, 아이들로부터 내가 배운 것이 글로 남았다. ✎

* 수업 장면에 등장하는 '유진'은 가명입니다.

**시집 서점에서
청소년 독자
기다리기**

현장 216
       217

지환 이야기

유희경

시인, 서점지기. 2008년 『조선일보』 신춘문예 시 부문에 당선되며 작품 활동을 시작했다. 시집 『겨울밤 토끼 걱정』, 『이다음 봄에 우리는』, 『우리에게 잠시 신이었던』과 산문집 『나와 오기』, 『사진과 시』, 『세상 어딘가에 하나쯤』 등을 펴냈다. 현대문학상, 오늘의젊은예술가상 등을 수상했다. 수많은 읽는 사람들에게 보탬이 되는 서점 일의 즐거움을 알아 가고 있다.

0.

지환은 군 복무 중으로, 이 글이 발표될 때쯤에는 제대하여 예비군 신분일 것이다. 얼마 전 말년 휴가를 나온 지환에게 너에 대해 쓴 글을 발표해도 되느냐고 물었다. 지환에게는 여러 장점이 있지만 그중 내가 가장 좋아하는 면모는 '흔쾌함'이다. 이번에도 그는 어떤 글인지 묻지도 않고 흔쾌히 "그럼요."라고 대답하며 힘차게 고개를 끄덕였다. 그런 다음에야 넌지시 물어보기는 했다. "그런데 어떤 내용의 글인가요?" 나는 그저 웃을 뿐 대답해 주지는 않았다. 분명 지환은 확신할 것이다. 내가 그에게 폐가 될 만한 글을 쓰지 않으리라는 것을 말이다. 지환은 흠이 별로 없는 사람이다. 사실 '별로'라는 단서도 내가 알지 못하는 그의 이모저모가 있을지 몰라 덧붙였을 뿐이다.

성직자로 살아가기를 희망하는 지환은 신학생이며 신학교 부설 고등학교를 졸업했다. 내가 지환을 처음 만난 때는 그가 막 고등학교에 입학했던 2019년. 굳이 기억을 더듬어 볼 필요도 없이 분명하게 기억한다. 그해는 나에게 여러모로 특별했기 때문이다.

1.

나는 서점 주인이다. 내가 운영하는 서점 이름은 '위트 앤 시니컬'. 시에 관심이 있는 사람들 사이에서 제법 알려진 서점이다. 어떤 이들은 시집 전문 서점이라고 이르기도 하는데, '전문'이라니. 고작 이천여 종 시집을 갖춰 놓은 스무 평 남짓한 공간에 붙이기에 너무 거창하지 않나. 분명 누군가는 이 단어에 놀라 발길을 돌릴지도 모를 일이다. 소박하게 시집 서점 정도면 된다고 생각한다. 이 시집 서점에 앉아 있다 보면 하루가 멀다 하고 같은 질문을 받게 된다. "요즘도 시집이 팔리나요?" 시집은 여전히 팔린다. 서점을 운영한 지 8년이나 되었으니, 이만큼 확실한 증거가 또 있을까.

'많은' 사람들이 '여전히' 시를 아낀다. 기준 없이 많다 적다 말할 수 없겠지만, 그럼에도 나는 많다고 생각한다. 통념에 따르면 시를 좋아하는 사람은 없으므로 이 정도면 많다 할 수 있다. '여전히'라는 부사 또한 그 기준이 모호하다. 시가 사랑받은 적이 있었나. 있었다면 그때는 언제였는가. 그럼에도 나는 여전하다고 생각한다. 언젠가부터 지금에 이르기까지 시든 시를 읽는 사람이든, 늘

↓
시집 서점
위트 앤 시니컬

'있기' 때문이다. 그리하여 위트 앤 시니컬에는 매일매일 시집을 사러 사람들이 온다. 이들은 자신의 취향과 상황에 맞게 시집을 골라 사 간다. 대개의 가게는 이들을 손님이라 부를 테지만 나는 '독자'라고 부른다. 책을 사는 사람이면서 읽는 사람이길 바라는 뜻에서다. 이 독자들은 시집을 구매할뿐만 아니라 위트 앤 시니컬이 마련하는 낭독회나 워크숍 등 행사에도 참여한다. 독자들이 시에 몰두하는 모습에서 나는 여러 감정을 느낀다. 그리고 그 감정들은 여러 어려움에도 시집 서점을 계속해 나가게 만드는 동력이다.

  수많은 독자 중에서 아쉽게도 청소년에 해당하는 이는 거의 없다. 간혹 찾아오는 경우가 있지만 대부분 문예 창작을 전공하고자 하는 학생들이다. 이들에게 문학은 공부이고 지향점이다. 아무래도 독자보다 창작자에 가깝다 해야 옳을 것이다. 그러니 제 발로 찾아온 순수 청소년 독자인 지환은 정말 특별한 경우였다. 시에 대해 아무것도 몰랐던 그는 스스로 시를 읽었고, 빠져들었다.

2.

2019년 봄. 나의 마음은 한껏 부풀어 있었다. 서점 운영에 있어 커다란 전환점이 마련될 거란 기대 덕분이었다. 전해인 2018년은 악몽 같았고 그 정점엔 서점 이전이 있었다. 다 적을 수 없는 사정으로 서점을 이화 여자 대학교 앞에서 혜화동 로터리 앞으로 옮겨야만 했다. 가게 입장에서 이사란 결코 낙관적일 수 없는 상황이다. 단골을 잃게 된다. 애써 갖춰 놓은 운영 방식도 새로 손봐야 한다. 그럼에도 긍정적일 수 있었던 건 새로 옮긴 자리 부근에 중학교와

↗
건물 1층에 있는
동양서림

→
동양서림 가운데에
있는 나선 계단

고등학교가 많다는 이유 때문이었다. 청소년 시절 내가 그랬듯 이 곳의 문학에 관심을 가진 학생들을 만날 수 있으리라, 그들의 수를 늘려 나갈 수 있으리라 하는, 이제 와 돌이켜보면 더없이 순진한 바람을 붙들고 둥둥 떠올라 있었다.

위트 앤 시니컬이 새로 자리 잡게 된 건물 1층에는 또 다른 서점이 있다. 1953년에 개점한 동양서림은 아마 서울에서 가장 오래된 서점일 것이다. 역시 다 적을 수 없는 사정으로 동양서림과 위트 앤 시니컬은 하나의 출입구를 공유하는 두 개의 서점이 되었다. 1층은 동양서림, 2층은 위트 앤 시니컬. 1층과 2층을 잇는 통로는 나선 계단이다.

동양서림은 문제집도 취급하는 서점이라 학기 초가 되면 학생들로 인산인해를 이룬다고 했다. 청소년 독자를 기대하는 나로서는 호재가 아닐 수 없었다. 개학이 있는 3월에 맞춰 나름의 준비를 마쳤다. 청소년들이 좋아할 만한 시집 목록이라거나, 수능 국어 영역에 인용되곤 하는 시집 목록들을 정리했고 중고등학생들을 위한 이벤트 프로그램을 마련해 놓기도 했다.

마침내 개학이 찾아왔다. 1층 동양서림에는 문제집을 사기 위해 찾아온 중고등학생들로 북적거렸다. 그리고 예상한 대로 그중 많은 학생이 2층으로 올라와 호기심 어린 눈으로 이곳저곳을 살폈다. 기쁜 마음으로 그들을 맞이했다. 하지만 그뿐이었다. 학생들은 새로 생긴 공간을 둘러보기 무섭게, 마치 있을 곳이 못 된다는 듯 서둘러 내려가 버렸다. 그때마다 실망했지만 계단을 밟고 올라오는 소리가 들리면 새로운 기대가 시작되었다. 그렇게 며칠을 보냈다. 실은 이미 알고 있었다. 내가 품은 기대는 환상에 불과했다. 문학에, 그중에서도 시에 관심을 가질 학생이 있을 리가. 하지만 이를 온몸으로 체감한다는 건 생각보다 더 괴로운 일이었다. 1층의 소란을 엿들으며 나는 유독 텅 비어 보이는 서점을 가만 노려보기만 했다.

　　지환이 나선 계단을 밟고 위트 앤 시니컬에 올라온 것은 그로부터 며칠이 지난 어느 날이었다. 갓 고등학생이 된 지환 역시 호기심에 방문한 여러 학생 중 하나였다. 몇 가지 우연이 작동하지 않았더라면, 그러니까 우연히 시집 서점에서 국어 선생님을 만나지 않았더라면, 국어 선생님으로부터 시집 고를 기회를 선물 받지 않았더라면, 지환은 다른 학생들과 마찬가지로 스쳐 지나는 인연에 불과했으리라 짐작한다. 하지만 지환은 선물 받은 시집을 붙들고 결코 놓지 않았다.

　　"무슨 말인지 모르겠는데, 읽을수록 이상한 기분이 들어요."
　　다시 찾아온 지환은 자신에게 생긴 일을 이해하고 싶어 했다. 나는 길게 설명하지 않았다. 아니 할 수 없었다. 나 역시 시가 불러오는 마법과 같은 상태, 그 비밀의 답을 알지 못하기 때문이다. 지환에게 해 줄 수 있는 건 다른 시집을 추천하는 일뿐이었다. 그렇게 시에 입문하게 된 지환은 서점을 제 방처럼 드나들기 시작했다. 자신이 이해할 수 없는 구절을 가지고 와 물어보기도 했고, 친구들을 데리고 우르르 몰려오기도 했다. (지환의 친구들은 시에 관심이 없었다.) 어느 날 시를 써 보았다며 가져오기도 했는데 제법 그럴듯했다. 지환은 잠시나마 시인을 꿈꾸기도 했을까. 알 수 없는 일이다. 나는 가만 지켜보기만 했다. 진실로 진실로 기쁜 마음으로.

3.

지환이 고등학교를 졸업할 때까지 함께 보낸 3년을 떠올리면 지환의 말마따나 "이상한 기분"에 사로잡힌다. 그것은 기대일 수도 있겠고 바람일 수도 있겠다. 이따금 "진실로 진실로 기쁜 마음"에 대한 그리움에 사로잡히기도 한다. 그 감정이 어디서 기인하는지는 분명하다. 씨앗을 심고 떡잎이 흙을 뚫고 나오는 모습, 그 떡잎이 자라나 잎을 꺼내고 꽃을 피워 낼 때의 장면을 직접 목도할 때 느끼는 놀라움, 보람과 닮아 있다. 지환을 만나기 전까지 나는 누군가가 시를 받아들이기 시작해 그것을 제 것으로 삼기 위해 분투하는 과정을 지켜본 적이 없다. 그렇겠거니 짐작만 했을 뿐이다.

조그마한 신화가 완성되어 가는 순간을 시인으로서, 서점 주인으로서 나는 되도록 자주 반복해 경험하고 싶다. 하지만 짐작처럼 그런 일은 적어도 지금까지는 두 번 다시 반복되고 있지 않다. 어째서일까. 어쩌다 한 번 있을 행운을 경험했던 것뿐일까. 나의 고민은 두 갈래의 흐름을 갖는다. 하나, 어째서 시를 읽으려 애쓰고 문학을 통해 무언가 찾아보려고 노력하는 청소년을 만나지 못하는 것일까. 둘, 그럼에도 지환이란 청소년 독자를 어떻게 얻게 된 것일까. 혹시 지환이 시를 읽게 된 일련의 과정 중에 비밀이 숨어 있지는 않을까.

지환에게는 있고 다른 청소년들에게는 없는 것. 분명 섣부른 일반화임이 틀림없음에도 나는 이 비교를 단서처럼 붙들고 영 놓지 못한다. 애석하게도 나는 아직 답을 얻지 못했다. 다만, 어렴풋하게나마 짐작되는 바를 한 단어로 옮기자면 '고민'이라고 할 수 있다. 괴로워하고 애를 태우는 마음. 어쩌면 서점 문을 열고 들어와 다른 책에는 눈길 한 번 주지 않고 문제집으로 직진하는 청소년들에게는 결핍되어 있는 '어떤' 상태.

　　청소년이란 아이도 어른도 아닌 존재이다. 그 '중간자'의 앞으로 '미래'가 도래하고 있다. 유보하고 유예하던 오지 않은 시간이 곧 찾아올 것이므로, 원하든 원하지 않든 선택을 해야 할 때가 오고 있다. 그러므로 청소년이라는 범주는 고민과 떼려야 뗄 수 없는 관계를 맺고 있다. 성년이 된 사람들은 타협과 순응이 뒤범벅된 상태로 시간에 몸을 맡길 줄 안다. 하지만 '이토록 젊은 사람들'은 다르다. 시간의 고삐를 쥐고 자신이 원하는 방향으로 이끌고 가기를 바란다. 그 과정에서 벌어지는 소란을 '질풍노도'라 할 것이다. 고민 또 고민. 반복되는 실패에 절망하며, 그 절망을 무릅쓰고 또다시 시도하며 성장한다. 어른이 되어간다.

　　낭만적 사고라고 생각할지도 모르겠다. (아닌 게 아니라 고민의 대표라면 낭만주의자 젊은 베르터가 아닌가.) 그러나 오늘날의 청소년들에게 '고민'이 부재한 상태를 나는 이것 말고는 알지 못한다. 더 좋은 직업. 더 나은 생활. 알파-인간이 되지 않으면 철저한 패자로 인식되는 세계관에서 각각의 캐릭터에게 다른 선택지란 존재하지 않는다. 더 좋은 직업을 갖고 더 풍족한 생활을 영위하기 위해서 아니, 더 정직하게는 그 방법 외에는 모르므로 치열한 눈치 싸움을 벌이며 시험 또 시험을 치르며 나아가는 삶. 그들이 쥐려는 시간의 고삐는 현재의 것이며, 그들의 질풍노도는 이력서에 쓸 수 있는 것으로 한정된다. 물론 더 나은 성적을 골몰, 혹은 성적이 아닌 다른 방법으로 결승점에 도착하려는 애씀 또한 고민이라면 고민이다. 그러나 정답이 정해져 있는 고민은 양질의 것이 될 수 없다.

그 건너편에는 지환이 있다. 지환은 성직자가 되기 위해 노력하는 사람이고 고등학교에서도 신학생 육성 반에 소속되어 있었다. 지환 또한 신학 대학에 입학하기 위해 자격을 갖춰야 했고 열심히 공부해야 했다. 다만 그가 희구하는 건 물질적으로 풍족한 삶이 아니라 어쩌면 정반대의 삶이었다. 그런 중에 그는 이따금 나에게 자신의 고민을 털어놓았다. 자신의 선택이 옳은 것인지. 대체 선택이라는 것은 가능한 것인지. 그런데 왜 이토록 세상은 어지러운 것인지. 신의 권능으로, 성직자의 신성함으로 해낼 수 있는 것은 무엇인지. 또래들에게 좀처럼 허락되지 않는 질문과 질문을 이어 답에 닿는 아름다운 가교를 만들어 보기 위해 지환은 시를 읽었다. 이제 와 생각해 보니 나를 기쁘게 만든 건 시를 읽는 지환이 아니라 존재와 자신 그리고 세계를 치열하게 고민하는 그의 모습이 아니었던가 싶다.

4.

이쯤에서 고백하자면, 나는 청소년의 문제나 청소년문학에 대해 제대로 생각해 볼 기회를 가져 본 적이 없다. 그러면서도 과연 청소년문학이란 가능한 것인가 의심을 그치지 않는 회의론자이기도 하다. 서점을 옮겼을 때 잠시나마 지녔던 청소년 독자에 대한 희망은 그저 서점의 미래와 출판 독서 생태계의 미래라는 바람에서 비롯되었다. 지환을 만나 진실로 진실로 기쁜 마음을 체험한 지금도, 청소년문학에 대한 두루뭉술한 입장은 거두지 못한다. 다만 어느덧 성년이 되어 좌충우돌하면서도 신학생으로서의 본분을 충실히

지켜 가며 근사한 어른이 되어 가는 지환을 보면서 느끼는 뿌듯함은 말할 수 없이 크다. 그가 문학의 도움을 받아 자신의 질문을 차근차근 갈무리해 나아가고 있다고 믿기 때문이다. 더하여 청소년에게 문학이 할 수 있는 일이 있으며, 그러므로 더 많은 청소년 독자가 필요하다는 믿음만큼은 여전하다.

　　청소년들에게는 읽을 만한 시가 없는 것이 아니다. 시를 읽을 이유가 없다. 스마트폰을 매개로 제공되는 콘텐츠는 잠시 잠깐의 도피이고 휴식이다. 문학으로 발현되는 보다 본질적 고민은 다른 세계의 일이다. 당장의 괴로움와 동떨어진 질문을 던지고 있기 때문이라고 생각한다. 말 그대로 문학은 밥도 돈도 되지 않는다. 더 많이 얻고 더 많이 누릴 수 있는 삶, 그 자체가 화두인 세상에서 문학이란 그저 번거롭기만 한 쇠파리와 같다. 귀찮게 들러붙어 답 없는 질문만 해댈 뿐이다. 이 비관에서 벗어날 방법을 나는 알지 못한다.

　　문제는 근본적인 데에 있다. 우리 모두 그 사실을 알고 있다. 그렇다고 손을 놓고 있을 수만도 없다. 2019년 봄, 나의 바람처럼 단 한 명이라도 얻을 수 있다면 큰 행운이 아니겠는가. 바늘 없는 낚싯대로 물고기를 낚으려는 여상처럼 인내심을 갖는 일 또한 피할 수 없는 현실로 느껴지기도 한다. 내가 경계하는 바는 어떤 노력이 최선이라고 믿거나, 특정한 현상이 보편적 현상이 되어갈 수 있을 거라는 지나친 낙관이다. 자기 자신에 대한 몰두, 사람됨에 대한 치열한 고민의 시대가 열릴 수 있겠는가. 규율과 강압이라는 방법 없이도 그럴 수 있다고 나는 믿는다. 물론 내 믿음의 뿌리는 그저 자디잘아 하잘것없다.

　　어쩌면 '청소년문학'이란 청소년이 읽을 만한, 청소년들을 위한 시·소설 같은 별도의 장르를 의미하는 것이 아닐 수도 있겠다는 짐작을 이제야 하게 된다. '청소년문학'이란, 한 시절을 살아가는 젊은이들이 필연적으로 지니게 되는 고민의 정당성, 당위성, 방향성을 들여다보고 응원하는 태도일 것이다. 이에 더해 고민을 위한 여력의 확보를 포함해야 한다고 생각한다. 그와 같은 노력은 결코 어느 개인이나 집단의 몫이 될 수 없을 것이다. 너무나 커다랗고 모호한 문제인 탓이다.

5.

그간 위트 앤 시니컬을 오갔을 청소년들을 떠올려 보려 애쓴다. 분명 어떤 미로 속에 있을 그들에게 도움이 되었을까. 그중 일부는 입구와 출구에 집착했을 것이며 또 일부는 미로라는 상태에 대해 깊이 생각해 보았을 것이다. 지금 그들이 어떤 상황에 처해 있든 모두 지환처럼 어디선가에서 근사한 어른으로 살아가고 있기를 바란다. 나와 이 작은 서점이 조금의 도움이 되지 못했더라도. ✎

담백한 시의 맛, 온전한 삶의 맛 김채윤
생각의 중요성 원나영
비밀, 널 어떻게 하지? 서지유
다시 일어설 수 있어 소원

감상

창비청소년시선 독서 감상문 공모 우수상 선정작

이삼남 시인의
「라면을 끓이며」를 읽고

김채운
분당중앙고

담백한 시의 맛,
온전한 삶의 맛

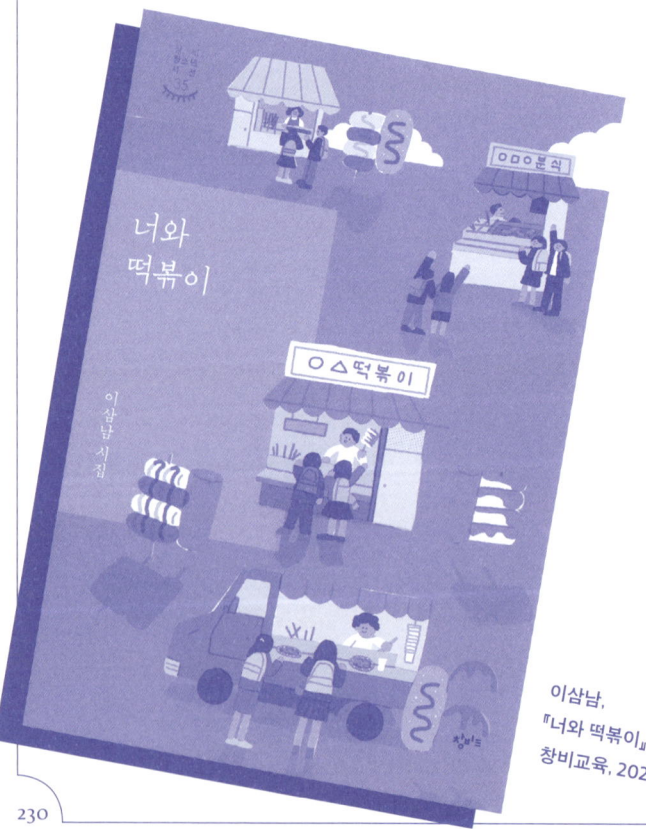

이삼남,
『너와 떡볶이』,
창비교육, 2021.

라면을 끓이며

끓지 않는 물에
면을 넣을 순 없어

실타래 같은
삶을 받아들이려면
온전히 끓어올라야지

끓어오르기만 하면
모든 것
일사천리로 풀려
들숨 따라 빨려 드는 면발처럼
온전히 내 안으로 스며들 테니

끓어오르고 싶다
까치발로라도
마지막 1도를 더 담아
끓어오르고 난 뒤

진국 같은 순간들을

휘휘 저어 풀어 두고
마지막 한 방울까지

시간을 들이켜고 싶다

'아, 라면 먹고 싶다.'

「라면을 끓이며」를 읽다가 나온 생각이다. 매력적인 금발의 곱슬머리, 많은 사람들을 애타게 만드는 알싸한 향기의 소유자. 그는 내가 어두운 밤에 불을 밝히도록 유혹한다. 묘한 이끌림에 뜨거운 사랑을 나누고 싶어진다. 하지만 가혹하게도, 언제나 그 사랑에는 3분이라는 서글픈 기다림이 있었으니……. 그 짧고도 긴 시간을 견뎌 내지 못하고, 뻣뻣한 머릿결을 마주하는 순간 감격과 후회의 대가가 찾아온다. 왜 나는 그 잠깐의 시간조차 참을 수 없는 것일까. 만족할 수 없으리란 걸 알면서도, 나를 위한 기다림인데도 기어코 먼저 다가가고 마는 것일까.

이 시를 읽고 생각해 보았다. 삶을 받아들이려면 온전히 끓어올라야 한다는 건, 삶에 온전해진다는 건 무엇일까. 나에게 온전히

감상

시간을 투자해 본 적은 언제였고, 내가 나의 삶에서 온전해질 수 있던 적이 있었던가. 하루를 맞기 전 '3분'의 한 마디와 고단한 하루를 마무리하며 차를 우리는 '3분'의 마침표. 내가 나에게 고스란히 스며들 수 있도록 머물다 간 그 시간들은 마음을 일렁이기에 충분한 움직임을 만들어 냈다. 그 순간만큼은 오로지 나만을 위한 시간으로 남아 자신에게 간절해질 수 있었다. 나에게 머뭇거리다 간 그 3분의 기적이 있었기에 나의 삶은 아물 수 있었고, 다른 이들을 위한 삶으로 그저 살아가다가도, 또다시 잠깐 나를 위한 삶으로 돌아올 수 있었다.

그러나 고작 그 3분의 여유가 끼어들 틈도 없이, 빠듯한 나의 삶은 여전히 무거웠다. 남과 함께 보내는 시간과 자기 계발을 위한 공부 시간으로 밀도 있게 차올라 내 삶에는 내가 마음 편히 온전히 풀어질 수 있는 공간이 없었다. 그 사소한 찰나의 여유로움마저도 스스로에게서 빼앗아 버리고, 화려한 미래를 위해 투자하라며 온통 뻣뻣하게 굳어 얽혀 있는 나를 재촉했다. 숨막히게 끓어올라도, 삶의 감칠맛은 느껴지지 않았다. 그저, 나를 가득 채운 무수한 점들만이 둥둥 떠다니고 있을 뿐.

'●'

여기 점 하나가 있다. 모든 도형은 저 점으로부터 시작하고, 모든 문학은 저 점으로 마무리된다. 학생으로서 공부는 의무이고, 수학과 국어는 특히 더 불가피하다. 그래서 난 늘 점을 찍어 내길 반복하면서, 시작과 끝으로 정신없는 일상을 보내곤 했다. 하지만 시집 『너와 떡볶이』는 내게 점에서 조금 빗겨난 쉼표를 만들 기회가 되었다. 이 쉼표는 내게 시작하라고 재촉하거나 허둥지둥 마무리 짓게 하는 대신 고민하고 망설일 수 있도록 여지를 주었고, 덕분에 순식간에 지나간 하루의 소중한 순간을 간직하게 되어 감사할 수 있었다. 이삼남 시인의 시들이 지나간 나의 삶의 뒤에는 마침표 대신 작은 쉼표 하나가 자리 잡았다. '삶.' 아닌 '삶,'

이제는 나의 쉼표의 선율을 들으면서 그 순간 속에서 잠시 기다릴 수 있게 되었다. 3분이라는 기다림에 버거워하지 않고 나를 위해 기꺼이 순간을 즐기기로 한 것이다. 언젠가 라면이 맛있게 보글보글 끓어오를 순간만을 기다리면서 오늘도 라면이 마음 편히 풀어질 수 있길 기도하면서. 세상의 감미로움을 누리는 따뜻한 라면이 되고 싶었다.

내 쉼표 속에 은은하게 라면 향기가 감돌면서, 삶의 여지를 되찾게 되었다. 그 공백이 무너지지 않을 만큼 소소한 행복으로 채우기 위해, 난 자그마한 그 틈을 '시'를 위한 공간으로 남겨 두었다. 감상을 위해서 펼쳐질 때 가장 아름다운, 나의 보람찬 쉼표, 시. 그동안 시를 읽을 때는 대부분 '어느 부분이 시험에 나온다고 했더라…….' 하며 허둥대느라 밑줄과 빨간 별에만 집중했을 뿐, 결코 그 시가 품은 진정한 별을 볼 수 없었다. 그러나 그동안 허겁지겁 삼켜 버렸던 것에 반해 이제는 시를 한 줄 한 줄 음미해 보았고, 비로소 그 시를 제대로 맛보았다고 할 수 있을 것 같았다.

내가 그동안 맛본 시에서는 사회의 부당함을 비판하는 고소한 맛, 매정한 현실의 쓴맛과 타오르는 사랑의 달콤한 맛 등 온갖 맛이 났다. 그중 가장 맛있었던 것은 이삼남 시인의 『너와 떡볶이』처럼 일상 속에서 가끔 그리워지던, 나의 목소리를 두드리며 부드럽게 파고드는 담백한 맛이었다. 수업 시간에 욱여넣은 위대하고, 화려하고, 심오한 의미의 시들은 내가 실제 나의 삶에서 소화시키기에 부담스럽게 느껴졌었지만, 내가 이삼남 시집에서 음미하며 맛본 시들은 그렇게 거창하고 웅장한 가치를 추구하는 것들과는 달랐다. 코로나19 시절 학교의 이야기, 또래 친구들이 나눌 법한 귀여운 이야기, 특히나 공감이 더 잘 되었던 성적 관련 응원의 이야기까지 일상을 파고드는 평범한 이야기들이었다. 그 이야기들은 사람들이 화려한 것을 바라며 웅장한 미슐랭 레스토랑에 방문해 보기를 권하는 것이 아니라, 그저 동네 분식집에서 오백 원짜리 컵 떡볶이를 사 먹으며 모락모락 나는 김에 만족할 줄 아는 삶을 추구하라고 속삭이고 있었다. 아무리 유명 셰프의 최고급 요리를 먹을 수 있다고 해도, 낡은 문방구 앞 길가에 서서 떡볶이를 먹는다 해도, 결국 그 음식을 맛보는 나 자신은 그대로다. 어떤 맛이 더 훌륭하고 형편없는지를 아는 것은 나에게 달려 있으니, 사소한 것에도 감사할 줄 아는 미식가가 되자는 것이다. 작은 것에 배부른 사람. 그 사람만이 담백하고 숭고한, 그러나 감미로운 인생의 맛을 오로지 느낄 수 있다.

비 내리는 날, 지금 이 순간, 시를 읽으며 바라본 맑고 투명한 물방울에 비친 나의 행복한 모습을 보니 비를 피하겠다고 우산을 쓰는 것이 인생에서 꼭 필요한 일은 아닌 것 같다는 생각도 든다. 창문 밖으로 보이는 비는 떨어지는 물방울에 불과해도, 순식간에 내리고 마는 그 비를 잠깐이라도 직접 맞는다면 물방울 하나하나가 몸에 파고드는 짜릿함을 느낄 수 있다. 과연 우리들 중 한 명이라도 떨어지는 비를 정면으로 마주해 본 사람이 있을까? 어쩌면, 인생의 재미는 그렇게 어려운 것은 아닌 것 같다. 평범하고 사소한 일상의 순간에서 발아래 솟아나 빗방울과 춤추고 있는 우산풀에 내 발을 적시며 발가락 틈 사이로 시원함이 파고드는 느낌. 그 알쏭달쏭한 개운함에서 소소한 즐거움을 찾아내 웃음꽃을 피우는 것. 삶의 웃음꽃은 그 한 방울의 순간으로 피어난다. 고작 풀떼기 하나가, 고작 사소한 물방울이, 나의 온몸을 시원하게 씻어 내는 듯 마음에 자그마한 위안이 되는 듯한 그 느낌을 나도 누군가에게 선물하고 싶다는 생각도 들었다. 나를 위한 시간을 채울 수 있는 소소하지만 확실한 행복의 설렘을. 비록 빗물 한 방울도 제대로 막아 내지 못하는 우산풀이더라도, 찰나의 여유로움 속 나는 그렇게 그 한 방울을 간직해서 목마른 누군가에게 한 방울의 생명을 전해 주고 싶다. 발아래 솟아난 우산에 기대어 그 누군가와 함께 젖어 가면서……. 작은 물방울 하나가 나의 한 순간을 기쁨에 적실 수 있게, 인생이 허기지지 않게, 달보드레한 삶을 느껴보고 싶다.

참, 나는 '달보드레'라는 단어를 좋아한다. 음식이나 그 맛이 입에 당길 정도로 조금 달다는 뜻이다. 너무 달면 재료 본래의 맛을 잊게 되는 것처럼, 딱 적당히 행복해지는 듯한 느낌이랄까.

김준현 시인의
「내 생각」을 읽고

원나영
영천여자중학교

생각의 중요성

김준현, 『세상이 연해질 때까지 비가 왔으면 좋겠어』, 창비교육, 2022.

내 생각

편지 봉투 속에
아무것도 쓰지 않은 종이를 넣었다

안녕도 없고
잘 지내도 없는
편지 한 장

받는 사람의 생각은 얼마나 넓어질까?

그 생각 속에서
밤새 눈이 쌓인 듯 새하얀
너의 생각 속에
조심조심
발자국을 남기고 싶다

이 시를 처음 읽었을 때는 생각이 멍해졌다. 하지만 몇 분 뒤 나도 모르게 생각에 잠겼다. 시는 짧지만, 그 안에 많은 의미가 담겨 있는 것 같았다. 그 의미들은 왠지 모르게 따뜻하고 포근해서 나에게 위로와 휴식을 주는 느낌이었다. 또한 잊고 살았던 생각의 중요성과 생각의 다양성을 일깨워 주는 것 같았다. 나는 어디서 온 것인지 모를 울림을 느꼈다. 다시 한번 내가 했던 생각들이 떠올랐고, '생각'이란 무엇일지 고민했다. 생각이 없다면 우리는 모두 로봇처럼 일상을 살아갈 수밖에 없을지도 모른다. 그런데 나는 생각의 중요성을 잊고 살아왔다는 사실에 새삼 놀라웠고 괜히 반성하게 되었다.

생각의 중요성은 알겠지만, 많은 질문이 떠올랐다. '생각이 많은 것은 좋은 걸까? 생각이 많으면 오히려 더 복잡하고 어려워지지 않을까? 더 힘들어지지 않을까?' 그중에서도 가장 크게 떠오른 질문은 '나는 무엇일까? 나의 정체성은 무엇일까?'였다. 나는 아직 여리고 여린 청소년 시기의 소녀인 것 같다. 작은 일에도 상처받고, 그 상처가 쌓여서 울기도 하고, 그런 일들이 반복되며 힘든 시간을 보냈다. 그러나 이 시를 읽고 나서 비로소, 모든 것은 아니지만, 그 상처들이 조금은 치유된 것 같다. 때로는 내 자신이 이해되지 않지만 단 한 가지는 확실하다. 나는 소중한 사람이라는 것이다. 그리고 다른 사람들도 자신이 소중한 존재라는 것을 깨달았으면 좋겠다. 앞으로 나는 나의 정체성에 대해 더 많이 생

감상

각해 볼 것이다. 생각이 많은 것이 좋은지 나쁜지는 아직 모르겠지만, 더 많이 고민할 것이다. 왜냐하면 생각을 하면 할수록 내가 더 성장할 것 같은 느낌이 들기 때문이다.

그래서 이 시를 읽고 나서 내 주위의 친구들에게, 무엇보다 여리고 소중한 내면을 가진 나에게 해 주고 싶은 말이 생겼다. 우리의 소중한 내면은 가장 솔직하고 정직한 것이기 때문에, 생각만큼은 복잡하지 않고 편안했으면 좋겠다고. 그렇게 편안해지면 조금 더 단단한 내면을 가지게 될 수 있을 것 같다고. 그리고 다른 분들에게 나의 이야기가 왠지 모를 위로가 되었으면 한다. 지금 너무 힘들고 마음이 답답하거나, 마음의 무게를 견디기 어려운 사람이라면 이 시를 추천하고 싶다. 아니, 그렇지 않더라도 한 번쯤은 꼭 읽어 보았으면 좋겠다. 이 시와 나의 글을 읽고 사람들이 위로받고 마음이 더 편안해졌으면 좋겠다.

글을 쓰면서 생각의 범위는 정말 넓다는 것을 다시 느꼈다. 짧은 글을 쓰면서도 나는 많은 생각을 적었다. 그리고 그 생각들을 돌아보니 생각의 끝은 없다는 것을 알게 되었다. 누군가 내 글을 보고 이해가 안 되더라도 나는 할 말이 없다. 왜냐하면 나는 내 생각을 모두 적었기 때문이다. 나는 이 글이 너무 좋고 소중하다. 앞으로 너무 힘들 때, 가끔 이 시를 읽으러, 내 글을 읽으러 다시 와야겠다.

정다연 시인의 「비밀」을 읽고

서지유
영천여자중학교

비밀, 널 어떻게 하지?

정다연, 『햇볕에 말리면 가벼워진다』, 창비교육, 2024.

비밀

이건 내 비밀이야

아무 사이도 아닌데 한 아이가 말했다
앞으로 영원히 마주칠 일 없다는 듯이

다행히 그 말을 하고 가는 아이의 표정은
한결 가벼워진 듯했는데
나는 끙끙 앓았다
그 비밀이 무거워서

한여름에 혼자서 물이 가득 찬 어항을 옮기는 것 같았다

새어 나가면 안 되는데
실수로 깨뜨리면 안 되는데
비밀 안에서 물고기들이 평화로워야 하는데

나 때문에 잘못될까 봐
껴안고 있었다

만약 그때 널 불러 세웠다면 어떻게 됐을까?
실은 나도 너와 같은 일을 겪었어
그런데도 살고 있어
말했다면

누군가에게 비밀은
버려야 살 수 있는 거
누군가에게 비밀은
간직해야 살 수 있는 거

어느 쪽이든 덜 아픈 건 아닐 거야

난 비밀이 다른 아이들에게 퍼지거나 오해가 생길까 봐 친구들에게 걱정거리를 잘 털어놓지 않았던 것 같다. 정다연 시인의 「비밀」에는 "한여름에 혼자서 물이 가득 찬 어항을 옮기는 것 같았다"라는 말이 나온다. 가끔 비밀이 쌓여 무거워질 때 그런 느낌이 든다. 비밀은 혼자 계속 숨기다 보면 계속해서 부풀어 오르니 가끔은 깨끗하게 비워 낼 필요가 있는 것도 같다.

감상

한번은 사이가 틀어진 두 친구가 내게 상대에 대한 비밀을 자꾸 말하는데, 난 그 사이에서 아무것도 할 수 없었다. 계속 쌓여가는 비밀의 무게가 너무 날 눌러서, 친구에게 서로 오해하고 있는 것이 있을 테니 너무 나쁘게 생각하지 말라고 말했던 적이 있다. 양쪽에서 자꾸 누르는 비밀이 내 어깨를 짓누르는 느낌이었다.

또 한번은 내 비밀을 털어놓은 적도 있다. 난 단지 내 기분을 말했다고 생각했는데, 내 비밀을 들은 친구가 말을 잘못 옮기는 바람에 그 말을 전해 들은 친구와 싸운 적이 있었다. 그런데 막상 싸움을 걸어온 친구가 하는 말들은 내가 하지 않았던 것이었다. 동그랗던 비밀들이 옮겨지면서 뾰족뾰족 날카로운 말들로 변해 버렸다. 아마 그게 내가 내 비밀들을 밖으로 꺼낸 마지막 일이었던 것 같다. 그러고 난 후 나는 내 비밀을 꽁꽁 묶어 두기로 다짐했다.

비밀이 쌓이다 보면 나와 아무 문제 없던 친구와도 괜히 서먹해지는 것 같다. 그냥 비밀들을 비밀 창고에 몽땅 넣어 버리고 싶었던 적도 있다. 내가 생각한 비밀 창고는 아주 깊고, 그 끝엔 환하고 따뜻한 등이 걸려 있는 가운데 구슬이 가득 담긴 수레를 끄는 우울한 표정의 돌들, 그 구슬 속에 꽁꽁 묶인 비밀들, 그리고 그 비밀들이 영영 나올 수 없을 만큼 끝이 없어 보이는 어두컴컴한 동굴 같은 곳이다. 그런 곳이 있다면 언젠가는 그 어떤 비밀도 기억에서 사라질 것이다. 아무리 무거워도 끝이 없는 동굴에는 끄

떡없을 테니 말이다.

하지만 어떤 비밀은 누군가에게 용기일 수 있다고 생각한다. 누군가에게 비밀을 잘 털어놓지 못하는 이유는 용기 부족이 아닐까? 서로에게 안 좋은 감정이 생기는 건 원래부터 사이가 나쁘고 성격이 안 맞기도 하지만, 상대방에게 너무 많이 기대하거나 상대방을 너무 많이 믿고 있어서이기도 하니 말이다. 기대하고 있었던 사람이니까, 내가 항상 믿었던 친구니까, 그 친구도 내게 이 정도는 해 주지 않을까? 하는 그런 기대가 무너지면 서로에게 좋지 않은 감정이 쌓인다. 또 그 친구에 대해 다 알고 있다는 생각 때문에 배신감이 들 수도 있다. 내가 그랬다. 그런데 그 사람에게도 나에게 숨기고 싶은 비밀이 있지 않을까? 나도 그 사람에게까지도 말하고 싶지 않은 비밀이 있는 것처럼. 내가 그 아이의 무거운 비밀을 들었을 때, 내가 아무것도 모른 척하며 예전처럼 지낼 수 있을 만큼 단단하지 않다는 걸 몰랐던 것 같다.

비밀은 어떤 사람에게는 잊어 버려야 하는 것일 수도 있고, 어떤 사람에게는 꽁꽁 묶어 놓아야 하는 것일 수도 있다. 내게 비밀은 꽁꽁 묶어도, 버려도 넘치는 것이다. 둘 중 어디에 속하든 "어느 쪽이든 덜 아픈 건 아닐 거야."

오은 시인의
「장래 희망」을 읽고

소원
충남고등학교

감상

다시 일어설 수 있어

오은, 『마음의 일』, 창비교육, 2020

장래 희망

한문 시간에 사자성어를 배웠다
전진지망(前進之望)

앞으로 나아갈 희망이라고 했다
장래에 대한 희망이라고 했다

장래는 슬몃슬몃 다가오는 것이었다가
느닷없이 닥쳐오는 것이었다가
아직은 아니라고
불투명할 만큼 멀리 있다가
멀리 있어서 약속되거나 기대되기도 했다

희망은 보이는 것이었다가
순식간에 남아 있지 않게 되었다가
그래도 다시 품으면
풍선처럼 부풀어 오르다가
파도처럼 산산이 부서지기도 했다

전도유망(前途有望)

감상

앞으로 잘될 희망이 있다고 하려는 찰나,

판서하던 선생님의 분필이
필기하던 내 샤프심이
동시에 툭 끊어졌다

가슴에 잠깐 물결이 쳤는데
빗금이 그어지는 소리가 분명히 들렸는데

장래는 아직 멀고
희망은 어딘가 있을 것 같아
아무렇지 않은 척

잠시 후를 향해
초침처럼 살금살금 걸어갔다

오은 시인의 「장래 희망」은 미래를 고민하고 두려워하는 나에게 다시 일어서서 한 걸음을 내디딜 용기를 주는 시였다. 처음 읽을 때는 이 정도의 느낌만 받았지만, 시의 표현들을 생각하며 다시

읽어 보니 '희망'에 대한 독특한 시선을 찾을 수 있었다. '장래 희망'이라 하면 일반적으로는 밝고 멋지게 미래로 나아가며, 꿈을 키워 가는 느낌을 주는 단어라고 생각한다. 하지만 이 시에서는 희망의 어두운 면 또한 보여주고 있다. 희망은 꿈을 품고 앞으로 나아가게 한다. 하지만 희망이 주는 달콤한 미래에 대한 상상은 때로는 현실 앞에서 냉혹하게 무너져 내리곤 한다.

나는 할머니가 적어도 내가 고등학생이 될 때까지는 살아서 내 곁에 계시리라고 생각했다. 춘천에 있는 작은 집에서 생활하시는 할머니의 모습은 항상 건강해 보이셨다. 나에게 장난도 치시고, 웃으며 부모님과 대화하시는 모습은 아직도 기억 속에 남아 있다. 하지만 생각과는 다르게 할머니는 내가 초등학교 5학년 때 병원에 입원하셨고 그해 말에 돌아가셨다. 병문안을 다닐 때만 해도 할머니가 퇴원하셔서 다시 건강해지신 모습으로 그 작은 집에서 우리를 반겨 주실 것으로 생각했지만, 어느 날부터 말씀을 하지 못하시고 병원 침대에 누워만 계시는 모습을 보면서 품고 있던 희망이 점차 사라짐을 느꼈다. 그 희망을 미처 다 내려놓지도 못한 어느 날 밤에 할머니께서는 힘겹게 마지막 숨을 쉬시다가 돌아가셨고 나는 그 모습을 눈앞에서 지켜보아야 했다. 처음으로 겪는 가족의 죽음으로 품고 있던 희망이 절망으로 돌아오는 아픔을 느꼈고, 이 아픔은 희망에 대한 배신감으로 남게 되었다.

감상

희망을 걸고 밝은 미래만을 생각한 뒤에 절망했던 적은 이후에도 여러 번 있었다. 이를테면 성우를 꿈꾸며 나에게 무언가 특별한 재능이 있다고 착각해 자만하다가 냉정한 평가를 받고 절망한 적이 있다. 어쩌면 너무나 당연한 일이다. 나는 항상 희망을 품으며 산다는 것이 오만한 행동이라는 생각이 들었고 어느덧 새로운 도전에 대한 동기를 완전히 잃어버리고 말았다. 그 상태로 주어진 기회조차 포기해 버리려고 할 때 어머니께서 "안 되더라도 일단 도전은 해 봐야 하지 않겠니?"라고 나를 설득하셨다. 어머니의 설득을 이기지 못한 나는 아주 작은 도전을 시작으로 내가 품고 있었던 꿈, 희망을 찾아서 하나씩, 하나씩 도전해 나가기 시작했다. 그러다 보니 희망을 품지 못하게 하는 두려움의 주체인 '실패'에 대한 생각이 변하기 시작했다.

요즘 같은 경쟁 시대에서 사람들에게 가장 필요한 메시지라면 역시 '실패를 두려워하지 마!'일 것이다. 실패는 결국 품고 있던 희망이 부서지는 것이고 실패에 대한 두려움과 희망에 대한 배신감은 우리를 계속해서 제자리에 머물게 한다. 하지만 수많은 성공한 사람들이 말한 것처럼 나는 그토록 두려워하던 실패를 통해서 절망이 아닌 깨달음을 얻을 수 있었다. 나에게 무엇이 부족한지, 무엇을 해야 지금 내가 가진 단점들을 극복할 수 있는지 등을 실패를 통해서 더욱 확실하게 알게 되었고 이 단점들을 고칠 수 있다는 희망을 보게 되었다. 실패가 두려워서 외면했던 희망을 실패를 통해 다시금 품을 수 있게 된 것이다.

이 시는 말한다. "희망은 보이는 것이었다가/순식간에 남아 있지 않게 되었다가/그래도 다시 품으면/풍선처럼 부풀어 오르다가/파도처럼 산산이 부서지기도 했다"라고. 희망을 품으며 잡은 밧줄은 얇고 불안해서 당장이라도 끊어질 것만 같다. 그리고 실패는 두렵기에 다들 겪고 싶지 않아 한다. 그래서 사람들은 희망의 끈이 끊어지기도 전에 스스로 먼저 놓아 버리곤 한다. 나 역시 실패를 겪었을 때 기분이 썩 좋지 않았고 몇몇 경우에는 한동안 우울해지기도 했다. 하지만 이러한 실패들을 통해 성장해 나가기 위해서는 지금의 실패가 나를 성장시켜 줄 것이라는 믿음, 즉 또 다른 희망이 필요하다. 우리는 희망을 놓아서는 안 된다. 눈앞에 놓인 어려움을 극복하고 긍정적인 미래를 상상하는 힘, 또 이것을 성장의 밑거름으로 바꿀 수 있는 원동력은 모두 희망에서부터 나오기 때문이다.

찾아보기

찾아보기

ㄱ

「가능성」 169
「가자 모놀로그 2010(The Gaza Mono-Logues 2010)」 205
「가족을 돌보는 방법」 145
「갈색 사방이 있던 역」 213
강나은 119
강수환 9, 104
「걔들은 '우리'인 거고 난 그냥 '너'였던 거」 71, 115
『검은 느낌, 검은 이야기(Black Feeling, Black Talk)』 119
「검정의 감정」 73
고등학교 『국어』 50
「고래를 위하여」 55
「고래의 벽」 120
「고백을 하고 만다린 주스」 68
「공모자들」 68
『공통국어』 50, 58
「교실」 51, 56
『국어 시간에 시 읽기 1』 52
권유성 121
권창섭 34~37
권혁웅 68
「귀뚜라미」 55

「귀신은 발목을 가져다 뭘 할까」 41
「그날」 144
「그러니까 자신감을 가져」 129
「길」(김애란) 51, 59, 60, 137
「길」(김종상) 57
김규중 93
김기택 68
김남극 93
김려령 17
김륭 27
김미희 51, 129
김상미 209
김선우 52, 54, 57, 59, 128
김성규 9, 152
김성장 93
김소월 6
김애란 9, 51, 59, 75, 134~149, 178, 197
김영롱 52, 57
김유진 121
김은지 209
김이구 7, 8, 24, 27, 80~102, 163, 181
김종상 57

김준현 52, 57, 133, 202, 238~241
김지은 9, 117
김채윤 10, 230
김현 213
김현서 68, 130, 131, 198
「껍데기는 가라」 55

ㄴ

「나는 오늘」 58, 59, 68, 164
『나는 지금 꽃이다』 51
「나는 지금 꽃이다」 51, 56
「나무들의 목욕」 56
「나무의 꿈」 59, 60, 68
『나의 첫 소년』 59
나희덕 52, 55, 57, 68, 93
『난 빨강』 6, 17~30, 28, 88, 91, 96, 153, 160, 195
「난 빨강」 68, 73
「난생처음 봄」 209
『난 학교 밖 아이』 51, 59, 135, 136~140, 198
남호섭 93, 100
「내 생각」 238~241
『너와 떡볶이』 230~237

「넌 바보다」 55, 56
『넌 아직 몰라도 돼』 160
「넌 어느 쪽이니?」 52, 57
「네가 떠나고」 160
『농무』 156

ㄷ

「달달」 148
『댄스, 푸른푸른』 52, 59
「돌멩이」 68
『동시마중』 88

ㄹ

「라면을 끓이며」 230~237
『러브 앤 징크스』 119
리비스, 프랭클린(Franklin R. Leavis) 29

ㅁ

「마음과 마음도」 68
『마음의 일』 59, 100, 160, 164, 170, 174, 177, 181, 247~252
『마음의 일: 재수x오은 그림 시집』 59
마틴, 에리카(Erica Martin) 119

맥브라이드, 앰버(Amber
　　McBride)　119
「맨드라미」　52, 54, 57
「목소리」　146, 198
「무뚝뚝한 규율 아저씨」
　　130~131
문정희　68
『문학』　50, 58
「미래를 가두다」　138
「미래를 깨우다」　138
「미래를 껴안다」　139
「미안하데이」　144
「미안해」　144
「민들레학교」　140

ㅂ

박문수　10, 194
박상률　17, 87
박성우　6, 17, 22, 68, 88, 91, 93,
　　96, 153, 160, 195
박일환　68, 93, 100, 126
박종호　9, 80~102
박준　93, 99
「반려종 선언: 개, 사람, 그리고
　　중요한 타자성」　130

「밥 많이 주세요」　142
배수연　71, 72, 93, 100
배창환　216
백석　6, 18
「벌레」　132
「벚꽃 사탕」　216
「벚꽃」　145
벤야민, 발터(Walter Benjamin)
　　206
「별」　138
『보란 듯이 걸었다』
　　135, 140~144, 198
복효근　51, 52, 56, 93
「봄」(김선우)　59
「봄」(이성부)　209
「봄」(이시영)　209
「봄날 아침」　57
「봄날」　68, 209
『봄바람』　17
「봄은」　55
「불면의 이유」　179
「불쏙」　148
「블루하와이 리조트,
　　제주/2016」　210
「비가 왔으면 좋겠다」　202

「비밀」 242~246
비틀스 107, 108
「빨래」 197
「뻐꾸기」 125

ㅅ

「산에 언덕에」 55
「살얼음판」 146
「3월」 57
「삼촌」 52, 57
「상처가 더 꽃이다」 55
「새싹」 147
서지유 10, 242
서형오 59
「선화 언니」 144
성미정 57
「세상에서 가장 따뜻했던
　저녁」 51, 52, 56
『세상이 연해질 때까지 비가
　왔으면 좋겠어』
　52, 202, 238~241
소원 10, 247
손택수
　59, 60, 68, 93, 98, 100, 125
「수행 평가 — 인생 곡선 그리기」

71
「Supernova」 108
'쉬는시간 청소년 시선' 시리즈
　6
『스타피시』 119
「슬픔의 두부 고로케」 213
「슬픔의 자전」 214
『시의 시절(Poemhood)』 119
『시인 X』 119
「시험 전야」 142
신경림 156
신동엽 55
신미나 69
『신발 멀리 차기』 59
신지아 216
신지영 160
신철규 214
신형건 55, 56
심보선 213
「싱글 대디 맘」 144
『쌍무지개 뜨는 언덕』 96
「쓸모없는 녀석」 125

ㅇ

「아들에게」 68

'아무도 대답하지 않았다' 210

아체베도, 엘리자베스(Elizabeth Acevedo) 119

아파나, 림(Reem Afana) 205

『악몽을 수집하는 아이』 40

안미옥 8, 11, 31, 69

안희연 212

「앵두술」 141

『얄개전』 96

「양성 불평등」 142

「어른이 되면」 197

엄기호 206

'엄마의 일기장' 163

「엉망」 69

에스파 108

「여자답게 걸어라」 141

『열여덟은 진행 중』 136, 144~149, 197

오규원 56, 57

「오 분간」 68

오세란 25

오연경 8, 9, 11, 16, 82, 83, 91, 93, 94, 99, 134

오은 9, 59, 68, 93, 100, 152, 247~252

「옥수수 수프를 먹는 아침」 68

올즈, 샤론(Sharon Olds) 118

와일드, 마거릿(Margaret Wild) 119

『완득이』 17, 96, 157

「왜?」 128

『외계인에게 로션을 발라주다』 51

「외계인을 위하여」 51

「용감한 그녀」 148

『우리 그런 말 안 써요』 34~37

「우리 그런 말 안 써요」 36

「우리 둘이」 52, 57

「우린 우리대로」 148

「우주인」 68

『운동장 편지』 51, 52

원나영 10, 238

『위저드 베이커리』 157

유안진 55

유현아 9, 43, 152

유희경 10, 217

윤동주 6, 18, 55, 69

「은행알의 맛」 69

『의자를 신고 달리는』 52, 82, 96, 164

「의자를 신고 달리는 아이」 98
이글턴, 테리(Terry Eagleton)
    206
이문재 68, 209
이삼남 51, 56, 71, 93, 230~237
「이상한 벌점」 142
이성부 209
이시영 209
이오덕 83
이옥용 52, 57
이유진 123
이응인 93
이장근 51, 56
이정록 93, 98, 100
이제니 68
이종은 8, 64
이지원 119
이혜미 93
「1회용 씨앗」 126
임수현 40, 41, 72, 115, 116

ㅈ

『자물쇠가 철컥 열리는 순간』
    52
「자물쇠가 철컥 열리는 순간」

52, 57
「잔소리의 끝」 198
「잠꾸러기 미래」 138
「장래 희망」 247~252
장철문 56
「전봇대」 56
『전태일 평전』 155
「절실한 이유」 138
「절친」 51, 56
정다연 10, 38~40, 184, 197,
    242~246
정양 68
정인탁 8, 11, 48
정지용 18
정현정 56
정현종 45
정호승 55
조재도 52, 57, 71, 100, 125
「조용히 자라요」 133
「조퇴」 71, 72
조향미 93
『주눅이 사라지는 방법』
    154, 163, 174, 175, 180
「주민등록증 나오던 날」 68
중학교 『국어』 50, 51, 55, 56

중학교 1학년 『국어』　50, 53, 57

지오바니, 니키(Nikki Giovanni)　119

「진짜 아빠」　75, 76, 143

「짝사랑」　71

ㅊ

『착륙할 때 박수를』　119

『창비어린이』　82

'창비청소년시선'　6, 17, 80~102, 153

채윤동　132

「책방에서 빗소리를 들었다」　209

『처음엔 삐딱하게』　51, 82, 96, 99

「첫 만남-이상한 나의 선생님 1」　43

『청소년문학』　86, 87

「청소년증」　136

최은숙　93

최일환　57

최지혜　10, 204

「춘천닭갈비집에서」　68

「취미」　192, 197

「친애하는 나의 불안」　39, 191, 197

ㅋ

「칸토 81」　105

「캡숑」　142

「큰 나무」　52, 57

ㅌ

「타자를 대하는 방식」　131

『탐정동아리 사건 일지』　198

「토막말」　68

ㅍ

파운드, 에즈라(Ezra Pound)　105

「펭귄의 기분」　212

「편의점 25시」　68

「포근한 봄」　56

'푸른도서관' 시리즈　6

「플라스틱」　59, 60

핍스, 리사(Lisa Fipps)　119, 120

ㅎ

「하느님은 알지요」　136

「하늘의 별 따기」　52, 57

「하얀 알약」 136

하재일 68, 93

한강 46

「한국을 빛낸 100명의 위인들」
　　105

「한 송이 말의 힘」 52, 57

한제아 122

해러웨이, 도나(Donna J.
　　Haraway) 130, 133

『햇볕에 말리면 가벼워진다』
　　38~40, 191, 197, 242~246

「햇비」 55

홍지연 119

홍진훤 210

「화살 뽑기」 148

황유원 119

「회사 다니는 엄마―엄마의
　　일기장 1」 163

「후후후」 57

청소년시의 현재와 미래

초판 1쇄 발행 2025년 3월 17일

지은이 강수환 외 17명
펴낸이 황혜숙
엮은이 안미옥 오연경 정인탁
편집 임소형
디자인 표고프레스
펴낸곳 ㈜창비교육
등록 2014년 6월 20일 제2014-000183호
주소 04004 서울특별시 마포구 월드컵로12길 7
전화번호 1833-7247
팩스 영업 070-4838-4938 / 편집 02-6949-0953
홈페이지 www.changbiedu.com
전자우편 contents@changbi.com

ⓒ 강수환 김성규 김지은 김채윤 박문수 박종호 서지유 소원 안미옥 오연경 오은 원나영 유현아 유희경 이종은 정다연 정인탁 최지혜 2025
ISBN 979-11-6570-330-1 03800

* 이 책 내용의 전부 또는 일부를 재사용하려면 반드시 저작권자와 ㈜창비교육 양측의 동의를 받아야 합니다.
* 책값은 뒤표지에 표시되어 있습니다.